Terence Conran

Die neuen Bäder

Räume zum Wohlfühlen

Deutsche Verlags-Anstalt München

Aus dem Englischen übersetzt von Wiebke Krabbe

Bibliografische Information der Deutschen Bibliothek
Die Deutsche Bibliothek verzeichnet diese Publikation
in der Deutschen Nationalbibliografie;
detaillierte bibliografische Daten sind im Internet
über <http:dnb.ddb.de> abrufbar.

Titel der Originalausgabe: Bathrooms
Octopus Publishing Group
2-4 Heron Quays, London E14 4JP

Lektorat: Elizabeth Wilhide, Lorraine Dickey,
Zia Mattocks, Siobhan O`Connor
Grafische Gestaltung: Chi Lam, Megan Smith,
Bildrecherche: Liz Boyd
Locationrecherche: Anne-Marie Hoines
Grafiken: Russel Bell
Herstellung: Angela Couchman
Satz der deutschen Ausgabe: Edith Mocker
Printed in China

ISBN 3-421-03487-7

INHALT

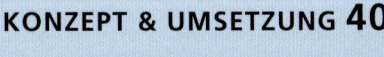

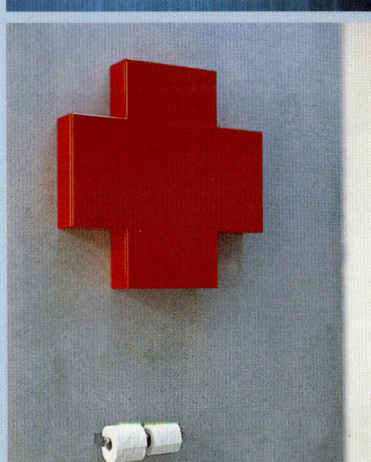

»Abgeschiedenheit und fließendes Wasser
sind eine schöne Kombination. Nennen wir sie
die Grundzutaten klaren Denkens.« AKIKO BUSCH, *Geography of Home*

**Die Kulturgeschichte des Badens zeigt, dass die Menschen häufig nicht
nur der Reinlichkeit wegen abtauchten.** Selbst in unserer Zeit, in der der
enorme Wasserverbrauch der westlichen Überflussgesellschaft auf eine
geradezu neurotische Hygienebesessenheit hinzuweisen scheint, spielen
offenbar auch andere Faktoren eine Rolle. Warum baden wir? Wir baden,
duschen oder waschen uns aus den verschiedensten Gründen: zur Entspannung, zur Erfrischung, zum Vergnügen, zum Wohlfühlen, natürlich zur Reinigung
– und vielleicht auch wegen eines instinktiven Bedürfnisses, uns in ganz
elementarer, natürlicher Weise umfangen zu lassen und schwerelos im Wasser
zu schweben.

Die Geschichte des Badens ist vielseitig. Zu manchen Zeiten war es eine
wichtige soziale Aktivität, zu anderen eine absolut private. In einigen Epochen
badete man häufig, in anderen selten. Im Lauf der Jahrhunderte wurde das
Baden abwechselnd als gesund und wohltuend gepriesen und als sündig und
überflüssig verdammt. Dabei hatte Baden nicht zwangsläufig mit Wasser zu
tun. Sicher war es das häufigste Medium, doch auch Bäder in Schlamm, heiß-
trockener Luft oder warmem Dampf dienten dem gleichen Zweck.

EINLEITUNG

Auch in Japan sind Baderituale ein wichtiger Teil der Kultur. Vor dem langen, kontemplativen Bad wird der Körper gereinigt. In Japan gibt es etwa 20 000 heiße Quellen, viele Gemeinden halten die Tradition der öffentlichen Bäder bis heute aufrecht. Die absolute Schlichtheit dieser Bäder hat ihre eigene Bedeutung, sie soll die Wertschätzung der Natur fördern. Japanische Badezuber haben sich in den letzten Jahren auch im Westen zu einer Art Statussymbol entwickelt.

In uralter Zeit waren Waschungen fast immer mit Reinigungsritualen verknüpft. Diese zeremonielle oder rituelle Funktion spielt noch heute in vielen Religionen eine Rolle. Für einen gläubigen Hindu beispielsweise gehört es zum Alltag, sich dreimal täglich zu waschen. Im Islam geht dem Gebet eine rituelle Waschung von Händen, Mund und Nase voraus. Parallelen im Christentum sind die Taufe sowie das Eintauchen der Fingerspitzen in Weihwasser, ehe man sich bekreuzigt. Im jüdischen Glauben wäscht man sich die Hände, ehe man am Sabbat das Brot bricht.

In Gebieten, in denen Wasser knapp war und dringend zur Bewässerung der Felder benötigt wurde, reinigte man sich auf andere Weise. Adlige im alten Ägypten badeten in Eselsmilch oder rieben ihren Körper mit alkalischen Pulvern wie Soda ab. Unangenehmen Körpergeruch überdeckte man mit Parfüm.

Der Palast von Knossos auf Kreta, der vor 4000 Jahren von König Minos erbaut wurde, ist eines der frühesten Beispiele aufwändiger Bade- und Sanitäreinrichtungen. Es gibt dort Badewannen, Waschbecken und Zisternen, die über ein System von Tonrohren gespeist werden, sowie eine der ersten bekannten Spültoiletten der Geschichte, ausgestattet mit einem Wasserreservoir und einem Holzsitz. Abgesehen von dieser raffinierten Installation spielte das Baden im griechischen Alltag kaum eine Rolle. Im militaristischen Stadtstaat Sparta allerdings gehörte es zum rigorosen Gesundheitskult: Nach sportlichen Wettkämpfen begab man sich in die öffentlichen Dampfbäder, um in Schweiß zu geraten und sich anschließend in einem kalten Becken abzukühlen.

Die Dampfbäder breiteten sich vom antiken Griechenland nach Norden und Westen aus und fassten besonders in Rom Fuß, wo sich eine Badekultur bisher ungekannten Ausmaßes entwickelte. Die ersten öffentlichen römischen Dampfbäder stammen aus dem 2. Jahrhundert v.Chr. Nach der Entwicklung des zentralen Heißluft-Heizungssystems, *Hypocaust* genannt, fand man in den römischen Bädern nicht nur Dampfbäder und Tauchbecken, sondern auch Bäder mit heiß-trockener Luft. Das Heißluftsystem ermöglichte es, die Räume auf verschiedene Temperaturen zu heizen, sodass die Besucher sich von warmen bis in

heiße Bereiche vorarbeiten konnten. Wie in Griechenland diente auch in Rom das Baden hauptsächlich der körperlichen Fitness, wurde aber zusätzlich wegen seiner sozialen Funktion geschätzt. Obwohl es in den Häusern der Wohlhabenden Bäder und Waschgelegenheiten gab, traf man sich vorwiegend in den öffentlichen Bädern, deren größere durchaus den Stellenwert von Freizeitzentren hatten: Es gab dort Bibliotheken, Geschäfte, Gärten, Trainingsbereiche, Umkleideräume, Ruheräume, beheizte Schwimmbecken und andere Annehmlichkeiten. Die größten Bäder boten Platz für tausende von Gästen. Es gab gemischte Bäder, aber auch getrennte Einrichtungen für Männer und Frauen. Archäologische Funde deuten darauf hin, dass in manchen öffentlichen Bädern auch sexuelle Dienstleistungen angeboten wurden. Die *Therme Stabiane* in Pompeji beispielsweise lag vielleicht nicht zufällig direkt neben einem Bordell. Das Baden war in Rom eine Nachmittagsbeschäftigung. Die Gäste rieben sich mit Öl ein und gingen zuerst in einen warmen Raum, dann in den heißesten Raum, das *laconicum* mit heißem Dampf. Von dort ging es weiter ins *balneum*, das heiße Becken. Mit einem Werkzeug namens *strigilis* schabte man sich den Schmutz von der Haut, danach tauchte man ins warme Wasser ein und kühlte sich anschließend im kalten Tauchbecken, dem *frigidarium* ab. Diese Abfolge aus Dampf und trockener Hitze, warmem und kaltem Wasser wurde mehrfach wiederholt.

Auch die sanitären Einrichtungen des alten Rom waren weit entwickelt. Im 3. Jahrhundert gab es etwa 150 öffentliche Latrinen in der Stadt, und das Abwasser der öffentlichen Bäder wurde zur Spülung der Latrinen in den Soldatenunterkünften benutzt.

Der römische Badekomfort basierte auf ausgefeilten technischen Lösungen. Aquädukte transportierten das Wasser über weite Strecken in die Stadt. Man hat Bleirohre aus römischer Zeit gefunden, die noch heute intakt sind. Mit der Ausbreitung des Römischen Imperiums wurde auch die römische Badekultur in aller Herren Länder exportiert – zumindest sofern die Römer Herren dieser Länder waren. In England beispielsweise gibt es mehr als 30 Ausgrabungsstätten. Die größte befindet sich in Bath (Aquae Sulis), wo die Bäder von einer heißen Quelle beheizt werden.

OBEN Eines der berühmtesten römischen Bäder befindet sich in der englischen Stadt Bath. Zur Zeit des Römischen Imperiums hieß es Aquae Sulis. Noch zu Beginn des 20. Jahrhunderts galt es als chic, in Bath »das Wasser zu nehmen«, bis vor etwa 20 Jahren konnte man in den heißen Quellen baden. Thermae Bath Spa, entworfen von Nicholas Grimshaw and Partners, ist ein neuer Badekomplex, der die Tradition fortsetzen soll. Es liegt 100 Meter vom alten römischen Bad entfernt und umfasst Massageräume, Dampfbäder, ein Solarium sowie auf dem Dach ein Schwimmbecken mit natürlich warmem Mineralwasser.

RECHTS Bis weit ins 20. Jahrhundert hinein war das Baden in vielen Teilen der Welt eine rudimentäre Angelegenheit. Die meisten Haushalte besaßen nur eine Zinkwanne, gefüllt wurde sie aus einem »Kessel« oder mit Eimern voll Wasser, das auf dem Küchenherd erhitzt wurde. Damals badete man bestenfalls einmal in der Woche. Erst als heißes Wasser aus dem Hahn verfügbar wurde, kam für die meisten Menschen neben dem Reinigungsaspekt auch die Entspannung eines heißen Bades in Frage.

Nach dem Niedergang des Römischen Imperiums im Jahre 476 wurden die römischen Bäder in den westlichen Gebieten des Reichs kaum noch benutzt. Im Osten dagegen, wo sich das Byzantinische Reich entwickelte, blieb die Badekultur erhalten. Die damalige Hauptstadt Konstantinopel (heute Istanbul) besaß ein aufwändiges Wasserleitungsnetz. Als die Osmanen dieses Reich eroberten, verschmolzen islamische und römische Badetraditionen. Türkische Bäder oder *hamams* waren ausgesprochen luxuriös und oft mit kunstvollen Mosaiken ausgeschmückt. Sie enthielten die gleiche Kombination aus Dampfbädern, warmen und heiß-trockenen Räumen wie die römischen Bäder, jedoch keine kalten Becken. Massagen und Erfrischungen wurden angeboten, der Schwerpunkt lag definitiv auf Erholung und Entspannung.

Im Europa der Feudalzeit genoss man solche Annehmlichkeiten nicht. Das Wissen der Römer über Installation und Zentralheizung war weitgehend verloren und vergessen. Lediglich in den Klöstern lagen die Bäder und sanitären Einrichtungen erheblich über dem Durchschnitt. Ansonsten war die Hygiene – gelinde gesagt – primitiv. Im Mittelalter badeten selbst Monarchen kaum öfter als alle drei Wochen und man muss annehmen, dass sich ein Großteil der bäuerlichen Bevölkerung im ganzen Leben nicht wusch. In betuchteren Haushalten war das Baden eine seltene, aber gesellige Angelegenheit. Ein großer Holzzuber wurde mit mühsam herbeigeschleppten Eimern voll heißem Wasser gefüllt, dann stieg die ganze Familie gemeinsam hinein. Bei Tisch zeigte man allerdings etwas feinere Sitten. Es galt als vornehm, vor den Mahlzeiten Hände, Gesicht und Zähne zu säubern – sicher eine nette Geste in Zeiten, als Gabeln noch unbekannt waren und man mit den Fingern aß.

Die typische Abwasserentsorgung des Mittelalters war Welten entfernt vom Klosett mit Wasserspülung auf Kreta unter König Minos. In Burgen gab es die »Garderobe«, einen Stein- oder Holzsitz über einem Schacht in der Außenmauer, der in den Burggraben oder in eine Grube mündete. In den Städten baute man simple Abtritte über Gruben oder erleichterte sich kurzerhand direkt in Flüsse und Bäche – was zweifellos zur Verbreitung der Pest und anderer Seuchen beitrug. Die Männer, die die Gruben leerten, nannte man Latrinenputzer, Emmermänner oder – in der Region um Nürnberg – Pappenheimer.

Als die Kreuzritter nach ihrer Rückkehr von orientalischen Badesitten berichteten, entstanden in westeuropäischen Städten wie Paris und London türkische Bäder. Allerdings verkamen diese *stews* und *bordellos*, wie man sie damals nannte, bald zu Etablissements, dio mit dem Baden so viel zu tun hatten wie die heutigen »Massagesalons« und »Saunen« zwielichtiger Bahnhofsviertel mit dem gesunden Schwitzen in einer Hütte aus Kiefernholz. Natürlich wetterte die Kirche gegen diese öffentlichen Bäder und erwirkte bald ihre Schließung. Die primitive Badekultur des Mittelalters begründete sich nicht nur auf einem Mangel an technischem Sachverstand, sie zeugt auch von dem tiefen Misstrauen gegenüber allem, was nach Hedonismus und Eitelkeit roch. Körperpflege war unnötig, wenn nicht gar ketzerisch, wo es doch allein auf die Pflege der Seele ankam.

Wenngleich von der Renaissance an die Utensilien zur Versorgung körperlicher Bedürfnisse – Nachttöpfe und Nachtstühle, Bidets, Waschschüsseln, Wasserkrüge und Wannen – immer kunstvoller und dekorativer wurden, änderten sich die Wasch- und Körperpflegegewohnheiten in den nächsten Jahrhunderten kaum. Ein früher Entwurf für ein Klosett mit

RECHTS Das Packwood House im Tudor-Stil entstand im späten 16. Jahrhundert und wurde im frühen 20. Jahrhundert komplett restauriert. Das Bad ist mit 407 ganzen und 63 halben Delfter Fliesen aus dem 18. Jahrhundert verkleidet, ein Löwenkopf dient als Wasserspeier über der Wanne.

Wasserspülung wurde zur Zeit von Elisabeth I. von einem gewissen Sir John Harrington entwickelt und 1596 in seinem eigenen Haus in Stepney bei Bath installiert. Erst 300 Jahre später begannen solche Installationen sich in normalen Haushalten zu etablieren. In Deutschland war erst nach dem Zweiten Weltkrieg der Einbau eines WC in Neubauwohnungen selbstverständlich. Bis dahin ergriff man auf Englands Straßen eilends die Flucht, wenn der Ruf »loo« erschallte – abgeleitet vom französischen »gardez l'eau« (Achtung, Wasser) – und ankündigte, dass gleich ein Nachttopf aus einem Fenster im oberen Geschoss ausgeleert würde. Den Nachttopf verstaute man danach wieder in einem Hocker mit Klappdeckel und gepolstertem Sitz.

Im 18. Jahrhundert gewannen in der Oberschicht verschiedene Typen von Spülklosetts an Beliebtheit, Kugelventile für Spülkästen und Geruchverschlüsse für Abwasserrohre wurden entwickelt. Das erfolgreichste Modell wurde 1778 von dem Tischler Joseph Bramah eingeführt: Sein »Ventilklosett« wurde noch ein Jahrhundert später hergestellt. Es bestand aus einer Keramikschüssel in einem Holzgehäuse und einer Mechanik aus Metall. Im 18. Jahrhundert erlebten auch die Kurorte an den heißen Quellen Europas eine Renaissance. Die Badezimmer in wohlhabenden Haushalten protzten mit Dekorationen und Draperien, doch generell begnügte man sich lieber mit dem oberflächlichen Anschein der Reinlichkeit und benutzte reichlich Duftstoffe, Puder, Perücken und aufwändige Kleidung, um den ungewaschenen Körper und die Parasiten zu verstecken.

Im Viktorianischen Zeitalter, einer Zeit der technischen Innovationen, der Massenproduktion, der sozialen Unruhen und des moralischen Dogmatismus, wurde Reinlichkeit schließlich allgemein als Tugend anerkannt. In den Großstädten führte die industrielle Revolution dazu, dass die hygienischen Verhältnisse alarmierend wurden. Besonders schlimm war die Situation in London. Im 19. Jahrhundert war London die wichtigste Weltstadt und das Herz des größten Imperiums aller Zeiten. 1810 erreichte seine Einwohnerzahl die Millionengrenze und löste damit das kaiserliche Rom als Rekordhalter ab. 1851 lebten 2,5 Millionen Menschen in London, die Angehörigen der Unterschicht in unvorstellbarer Verwahrlosung. Bis zu den 1850er-Jahren wurde Wasser in London rationiert, Seife war bis 1852 mit hohen Steuern belegt – wen wundert, dass die Armen Londons den Beinamen »die Ungewaschenen« trugen.

Erst der bestialische Gestank der Themse, die als offener Abwasserkanal diente, führte 1858 dazu, dass sich der Gesetzgeber mit gerümpfter Nase der Frage der öffentlichen Abwasserentsorgung zuwandte und den großen Ingenieur Jospeh Bazalgette mit der Konstruktion des beeindruckenden Kanalisationssystems der Stadt beauftragte. Als Vorbild dienten die ersten zentralen Kanalisationssysteme Europas, die 1848 in Hamburg und 1856 in Paris gebaut worden waren. 1854 wies Dr. John Snow einen Zusammenhang zwischen dem verunreinigten Trinkwasser und der Choleraepidemie nach, die in den Sommermonaten wütete. Seine Entdeckung wurde jedoch erst zehn Jahre später anerkannt. In den frühen 1860er Jahren begann dann das große Aufräumen. In der ganzen Stadt wurde ein Rohrnetz verlegt, das öffentliche Zapfstellen und Haushalte mit Wasser versorgte.

Gleichzeitig fielen die Preise für Seife und es wurden öffentliche Bade- und Waschhäuser eröffnet, in denen man für einen Penny eine Stunde lang baden konnte. Allmählich begann

OBEN Erinnerungsstücke und Skurrilitäten haben als Dekoration im Bad – und vor allem in der Toilette – Tradition. Die Wände im Bad von Lucy Dahl, der Tochter des verstorbenen Autors Roald Dahl, hängen voller Familienfotos.
LINKS Das Bad im Retro-Stil in diesem belgischen Haus ist in sanften Grüntönen gehalten. Waschbecken mit Säulen und Badewannen mit Löwen- oder Adlerfüßen kann man heute gebraucht und neu kaufen.

sich die öffentliche Hygiene zu verbessern. In den späten 1880er Jahren wurden auch öffentliche Toiletten errichtet. Zu dieser Zeit stellte man bereits eine Verbindung zwischen Reinlichkeit, moralischer Rechtschaffenheit und sozialem Status her. Nur wer reinlich war, galt als respektabel. In den großen Häusern der Mittelschicht kümmerten sich Scharen von Bediensteten um alle Bedürfnisse der Herrschaften, auch um die Sauberkeit. Ehe heißes Wasser aus dem Hahn floss, füllte man die Wanne mit Eimern voll Wasser, das auf dem Küchenherd erhitzt wurde. In den Schlafzimmern gab es Waschgestelle mit Porzellan-schüsseln und Krügen für die Morgentoilette. Öffentliche Dampfbäder, die man damals auch »Russische Bäder« nannte, wurden mancherorts ebenfalls wieder eröffnet.

In der zweiten Hälfte des 19. Jahrhunderts ließen sich verschiedene Hersteller, deren Namen man heute als Markennamen kennt, allerlei Modelle von Spültoiletten patentieren. Viele Toilettenbecken aus der Viktorianischen Zeit waren mit Relief- oder Unterglasurmotiven reich verziert. Spülkästen hingen üblicherweise hoch an der Wand, um einen ausreichenden Druck sicherzustellen.

Die Armen in Stadt und Land mussten sich mit sehr bescheidenen Möglichkeiten begnü-gen – Zinkwannen oder öffentliche Bäder und Herzhäuschen im Hof. Die mittleren und oberen Schichten dagegen genossen schon in den Jahren vor dem Ersten Weltkrieg relativ großen Komfort. Immer mehr Haushalte hatten fließendes warmes Wasser, die Badezim-mereinrichtungen dieser Zeit waren in Design und Funktion gleichermaßen beeindruckend. Und in der Anfangszeit des Kinos wurde die Badezimmereinrichtung sogar zum Ausdrucks-mittel für Luxus, Glamour und Exotik.

Die Geschichte des Badezimmers im 20. Jahrhundert handelt keineswegs nur von ungebremstem technischem Fortschritt und steigendem häuslichem Komfort. In Häusern, die mehr als 100 Jahre alt sind, ist das Bad oft nachträglich in den bestehenden Grundriss gezwängt worden. Viele Hausbesitzer scheuten sich, ein ganzes Schlafzimmer zu opfern, und so sind diese Bäder meist ausgesprochen eng. Überreste viktorianischer Prüderie und eine gewisse Genierlichkeit in Bezug auf die Körperfunktionen führte auch dazu, dass Bäder bis vor kurzer Zeit oft recht klinisch wirkten: Leicht zu reinigen, aber nicht zum Genießen gedacht. In Nordamerika waren die Bäder zwar generell großzügiger und praktischer als in Europa, doch um die Mitte des Jahrhunderts waren auch diese Bäder noch recht kompakt und funktional.

In den letzten zehn Jahren hat sich viel verändert. Heute wird die Privatwohnung vor allem als Zufluchtsort vor dem Stress und der Unruhe des Alltags betrachtet. Das Bad ist ein Refugium im Refugium, ein Ort des Rückzugs und der Erholung. Es ist nicht nur größer geworden – das durchschnittliche amerikanische Bad ist beispielsweise dreimal so groß wie früher – wir leisten uns gleich mehrere Bäder. In amerikanischen Haushalten ist das Verhältnis von Badezimmern zu Schlafräumen beinahe eins zu eins, manchmal sogar höher. Auch in Europa sind Zweit- und Drittbäder längst keine Seltenheit mehr.

Dieser Trend hat zu einer beträchtlichen Erweiterung des Angebots an Materialien, Sanitärobjekten und Armaturen geführt. Weil Materialqualität derzeit hoch im Kurs steht, sind viele ansprechende Produkte ins Bad eingezogen, von Glasbausteinen bis Mosaik, von Travertin bis Terrazzo, von Gummi bis Stahl. Profane Sanitärobjekte haben sich zu modernen

OBEN In warmen, sonnigen Ländern hat das Baden unter freiem Himmel besonderen Reiz. Dieses im Boden eingelassene Aluminiumbecken wird durch ein unterirdisch verlegtes Rohr versorgt.

Skulpturen gemausert, das Waschbecken kommt als Glasschale oder Steintrog daher, die Badewanne zeigt sich in Beton, Teak, Stahl oder Glas. Weil auch Fitness und Wohlbefinden einen hohen Stellenwert haben, entdeckt man immer mehr Elemente im Bad, die man eigentlich aus Wellness-Bädern und Fitness-Clubs kennt: Dampfkabine, Sauna, Massage-dusche und selbst Whirlpools mit Ultraschall-Funktion, um den Massageeffekt der Wasser-düsen zu verstärken. Komplett wasserdichte Nassräume reduzieren das Baden auf das Elementarste, Badezonen im Schlafzimmer und abgeschlossene Funktionskapseln sind weitere Anzeichen für eine Entwicklung, deren Ende noch nicht abzusehen ist.

»Designer«-Badezimmer und Toiletten in öffentlichen Gebäuden wie Restaurants, Bars und Hotels haben weitere Impulse gegeben. Der traditionelle Luxus von Bädern im Ritz- oder Savoy-Stil hat neuen und überraschenden Lösungen Platz gemacht, die mit den Grenzen zwischen Konvention und Erwartung spielen. Ich weiß aus verlässlicher Quelle, dass sich in der Damentoilette des Londoner Restaurants Mash eine Spiegelfläche befindet, in die zwei Monitore eingelassen sind, die einen Blick hinter die »Herren«-Tür erlauben. Das von Philippe Starck entworfene Urinal im Nachtclub Felix in Hongkong ist an Respektlosigkeit kaum zu überbieten: Mann pinkelt gegen eine große Glasscheibe mit fantastischem Ausblick auf die Stadt. Vor Jahren habe ich einmal in einem Hotel in Positano logiert, wo man aus

OBEN Eine noblere Variante des Freiluftbadens kann man in die-sem halb drinnen, halb draußen gelegenen Bad in einem Haus am Rand des Krüger-National-parks genießen.

der Badewanne das Meer sehen konnte. Am Ende der Wanne waren zwei Glasplatten in die Wand eingesetzt, in dem Zwischenraum befand sich Wasser mit Goldfischen.

Wen wundert, dass angesichts des großen Angebots edler Produkte eine Badezimmerausstattung heute im Hinblick auf die Kosten der Küche kaum noch nachsteht. Für ein komplett neues Badezimmer mit gehobener Ausstattung können sich die Kosten leicht auf 40 000 @ und mehr summieren. Hersteller von Sanitärobjekten engagieren namhafte Designer, um neue Modelle zu entwerfen; ich selbst darf mich rühmen, für Villeroy & Boch eine Serie namens Aveo gestaltet zu haben. Badezimmerobjekte namhafter Hersteller tauchen sogar in den Anzeigen von Maklern auf, um potenzielle Kunden zu beeindrucken

Unabhängig von Stil, Geschmack, Budget und praktischen Anforderungen stellt die Gestaltung eines Badezimmers eine Reihe spezifischer Anforderungen. Vor allem geht es darum, die fest installierten Elemente so anzuordnen, dass der Platz optimal genutzt wird. Dazu kommen technische Aspekte wie Wasser- und Abwasserleitungen, Feuchtigkeitsschutz, Heizung und Beleuchtung, die andere Lösungen als in der übrigen Wohnung erfordern.

Weil das Bad nun einmal der Raum ist, in dem wir den Tag beginnen und beenden und wo wir uns auf elementare Weise pflegen, spielt er für das Wohlbefinden eine wichtige Rolle. Das bedeutet, dass er unbedingt die Sinne ansprechen muss: Augen, Gehör, Geruchs- und Tastsinn. Abstand zur Welt beginnt heutzutage zu Hause.

Unabhängig von Raumgröße und Budget muss ein Bad sorgfältig geplant werden. Zunächst einmal, um den Raum optimal auszunutzen. Das ist umso wichtiger, wenn nur wenig Platz zur Verfügung steht. Hinzu kommt, dass in Badezimmern mindestens so viele Elemente fest eingebaut sind wie in Küchen und dass Fehler bei der Planung nur mit viel Aufwand und Kosten auszumerzen sind. Schließlich will niemand erst nach dem Einbau der Sanitärobjekte feststellen, dass die Ellbogenfreiheit rechts und links des Waschbeckens nicht ausreicht oder dass der Ein- und Ausstieg aus der Wanne mit unnötigen Verrenkungen verbunden ist.

In diesem Kapitel geht es um die Grundlagen der Planung und Raumaufteilung. In vielen Fällen werden die Möglichkeiten schon durch die vorhandenen Anschlüsse vorgegeben, darum finden Sie hier auch Informationen zur Installation: Wasserversorgung, Wasserdruck und Abwasser. Wer ein neues Bad einbauen lässt, braucht fachmännische Hilfe – mindestens vom Klempner. Schon um realistische Pläne zu entwickeln und unmissverständliche Aufträge erteilen zu können, sollte man also einige Grundkenntnisse der Materie besitzen.

IDEE & PLANUNG

BESTANDSAUFNAHME

Eine erfolgreiche Planung verlangt zunächst eine detaillierte Bestandsaufnahme der räumlichen Gegebenheiten und auch der persönlichen Bedürfnisse. Kreative Tagträume führen vielleicht zu innovativen Lösungsansätzen, dennoch ist es sinnvoll, von Anfang an eine ungefähre Kostengrenze festzulegen. Heute gibt es viele Badezimmerobjekte und Armaturen zu exorbitanten Preisen, darum ist es sicherlich kein Fehler, die Pläne auf eine realistische finanzielle Grundlage zu stellen, ehe die Fantasie das Bankkonto ruiniert.

Das Budget grenzt nicht nur die Auswahlmöglichkeiten von Materialien und Einrichtung ein, sondern auch den Umfang der Veränderungen. Wer nur wenig ausgeben kann, sollte sich eventuell mit den vorhandenen Sanitärobjekten arrangieren und lieber gründlich renovieren, statt einen Komplettumbau anzupeilen und sich letztlich mit minderer Qualität zufrieden geben. Wer jedoch ohnehin eine größere Baumaßnahme plant, etwa einen Anbau oder einen Dach-

bodenausbau, sollte überlegen, ob nicht gleich ein neues Bad oder eine Dusche eingebaut werden kann. Ein späterer Einbau wird meist teurer und verursacht ein weiteres Mal Schmutz und Unruhe. Eine Renovierung können Sie allein vornehmen, für umfangreichere Vorhaben werden Sie aber qualifizierte Fachleute benötigen – denken Sie bei der Kostenplanung darum auch an die Arbeitslöhne. Seien Sie bei der Budgetplanung realistisch, aber dämpfen Sie dadurch Ihre Fantasie nicht zu stark.

Es gibt viele Gründe, ein neues Bad zu planen, beispielsweise um alte Armaturen und Sanitärobjekte zu ersetzen, um abgenutzte Oberflächen zu erneuern oder um Elemente einzubauen, die vorher nicht vorhanden waren, etwa eine Dusche oder ein Bidet. Vielleicht soll auch das tägliche Gedränge im Familienbad vermieden oder einfach das Aussehen verschönert werden. Es ist darum hilfreich, alle Funktionen zu benennen, die das neue Bad erfüllen soll.

Wie viele Bäder brauchen Sie? In Nordamerika ist es nicht unüblich, dass jeder Schlafraum ein eigenes Bad hat und obendrein ein Gästebad vorhanden ist. In anderen Teilen der Welt ist dieses Verhältnis eher selten. Ein zusätzliches Bad kann aber das Familienleben wesentlich vereinfachen, indem es das Gedränge am Tagesanfang vermeidet.

Wer sind die Mitbenutzer des Bades? Sicherheit ist immer ein wichtiger Aspekt, doch Kinder und ältere Menschen stellen besondere Anforderungen. Doppelwaschbecken reduzieren Engpässe im Familienbad, frei an der Wand aufgehängte Objekte schaffen die nötige Kniefreiheit für Rollstuhlfahrer.

Was soll außer der Grundausstattung aus Wanne, Waschbecken und Toilette untergebracht werden? Denkbar wären beispielsweise: Dusche, Bidet, Waschmaschine und Trockner, Fitnessgeräte, Whirlpool oder Tauchbecken.

Wie viel Stauraum brauchen Sie? In einem kleinen Bad lässt sich meistens nur Stauraum für die wichtigsten Utensilien schaffen. In einem größeren Bad ist Schrankraum für Handtücher und Bettwäsche denkbar, man könnte es sogar als Ankleideraum nutzen. Viele Menschen bewahren auch Kosmetika und Medikamente im Bad auf, die ebenfalls Stauraum benötigen.

Welche Stimmung möchten Sie schaffen? Stellen Sie sich ein schlichtes, funktionales Bad vor, in dem Sie sich ohne viel Aufwand für den Tag vorbereiten können? Oder hätten Sie gern ein privates Erholungsbad, in dem Sie sich Zeit lassen, um Stress und Sorgen abzuspülen? Gefällt Ihnen der elementare Charakter eines Nassraums oder mögen Sie lieber ein wohnlicheres Bad?

Wie privat möchten Sie sein? Manche Menschen lieben es im Bad gesellig, andere sind bei der Körperpflege am liebsten allein. Diese Frage kann sich auf die Platzierung des Badezimmers im Haus, aber auch auf die Anordnung von Objekten, Trennwänden, Raumteilern und Fenstern im Bad selbst auswirken.

Die Gegebenheiten des Raums bestimmen, in wieweit die Bedürfnisse erfüllt werden können. Wer ein neues Haus baut, unterliegt im Hinblick auf Standort und Aufteilung des Bades natürlich weit weniger Beschränkungen. Beim Umbau eines vorhandenen Bades und bei Veränderungen der Aufteilung müssen dagegen viele Faktoren bedacht werden. Ganz vorn stehen die Größe des Raums und die Lage der verschiedenen Anschlüsse.

▸ Ist das Bad sehr eng, könnte man es eventuell in einen Nachbarraum erweitern oder einen Wandschrank opfern. Es kann schon ausreichen, eine Trennwand um einige Zentimeter zu versetzen, um aus einem beengten Bad einen brauchbaren Raum zu machen. Auch das Entfernen einer Wand zwischen einem Bad und der angrenzenden Toilette kann die Möglichkeiten erweitern.

▸ Denken Sie quer. Wenn nicht alles in den Raum passt, könnte man vielleicht das Waschbecken oder die Dusche in einen anderen Bereich verlegen. Ein Waschbecken im Kinder- oder Jugendzimmer entlastet das Familienbad erheblich. Eine Dusche nimmt weniger Platz ein als eine Badewanne.

▸ Wenn Sie eine schwerere Badewanne oder einen sehr schweren Bodenbelag wählen, sollten Sie durch einen Statiker prüfen lassen, ob der Badezimmerfußboden das zusätzliche Gewicht trägt. Wird ein Bad oder eine Dusche in einen ausgebauten Dachboden integriert, muss fast immer die Balkenlage des Fußbodens verstärkt werden.

▸ Sollen Waschbecken oder WC an der Wand aufgehängt werden, muss diese stabil sein. Wände aus Gipskartonplatten sind nicht tragfähig genug.

OBEN An der Wand befestigte Sanitärobjekte und ein senkrecht montierter, heizbarer Handtuchhalter nutzen den Platz im Bad unter dem Dach gut aus. Dachfenster sorgen für Tageslicht. **RECHTS** Wie eine Insel steht der Waschtisch aus Beton mitten im Raum. Die Armaturen sind auf einem Holzblock montiert. Für die Wannenumgebung wurde die gleiche Materialkombination verwendet.

▸ Wer in einer Region mit hartem Wasser lebt, könnte über einen Entkalker nachdenken, der Kalkablagerungen verhindert und so die Lebensdauer der Armaturen verlängert.

▸ Die Baugesetze einiger Länder verbieten, dass sich die Toilettentür direkt zur Küche oder Essplatz hin öffnet. Es muss mindestens ein kleiner, belüfteter Flur mit zwei Türen vorhanden sein, von denen eine ins WC und die andere in den »Lebensmittelbereich« führt.

▸ Innen liegende Bäder ohne Fenster sind zulässig, allerdings ist in den meisten Ländern für solche Bäder eine Entlüftungs- oder Absaugvorrichtung vorgeschrieben.

▸ Prüfen Sie die vorhandene Heizung und Beleuchtung. Ist das Bad ausreichend warm? Schafft die Beleuchtung eine angenehme Atmosphäre?

▸ Lassen Sie sich bei der Ausarbeitung Ihrer Pläne helfen. Je nach Umfang der Arbeiten kann ein Architekt, ein Statiker, ein Sanitärinstallateur oder Elektriker der richtige Ansprechpartner sein, der Sie über mögliche bauliche oder technische Risiken informiert und sicherstellt, dass die Umsetzung Ihrer Idee machbar und legal ist.

OBEN Waschbecken und Badewanne liegen nebeneinander, was die Installation wesentlich vereinfacht und in schmalen Bädern Platz spart. Durch die Verkleidung wirken die Objekte hier wie aus einem Guss.

RECHTS Ein halb hoher Raumteiler trennt den Duschbereich vom restlichen Bad. Die Waschbeckenarmaturen sind in die Trennwand eingebaut, der Duschkopf ist in die Decke eingelassen.

WOHIN MIT DEM BAD?

»Treppe hoch, erste Tür rechts.« Die Lage des Badezimmers ist in gewisser Weise vorhersehbar. Wer nicht neu baut, muss bei der Entscheidung über die möglichen Standorte von Bad und Gäste-WC vor allem die vorhandenen Rohrleitungen und Anschlüsse berücksichtigen. In mehrgeschossigen Häusern sind die Versorgungsleitungen oft in einem Schacht untergebracht. In solchen Fällen ist es die preiswerteste und unkomplizierteste Lösung, Bad, WC und andere Funktionsbereiche direkt neben diesem Schacht unterzubringen. In Wohnungen und eingeschossigen Häusern liegen Küche und Bad häufig Rücken an Rücken, sodass die Leitungen in ähnlicher Weise geteilt werden. In unausgebauten Lofts und Neubauwohnungen im Loftstil sind meist mehrere Anschlüsse vorhanden, was mehr Entscheidungsfreiheit erlaubt.

Abgesehen von Installationsfragen spielen vor allem Zugang und Privatsphäre eine Rolle. Im Hinblick auf den Zugang macht es Sinn, ein Bad in der Nähe des Schlafraums zu haben, weil man es vorwiegend am Anfang und am Ende des Tages benutzt. Besonders angenehm und intim ist natürlich eine Einheit aus Schlafzimmer und angrenzendem Bad, sodass man aus dem Bett auf direktem Weg unter die Dusche gehen kann. Wird das Bad jedoch von mehreren Familienmitgliedern benutzt, ist es vorteilhafter, wenn es für alle gleichermaßen gut erreichbar ist. Leichter Zugang bedeutet auch, dass im Idealfall in einem mehrgeschossigen Haus in jedem Stockwerk eine Toilette mit Waschbecken vorhanden sein sollte. Solche Annehmlichkeiten müssen nicht viel Platz einnehmen, man kann sie durchaus in ungenutzte Winkel einpassen, etwa unter der Treppe.

Moderne Wohnungen werden immer offener. Separate Räume wie in konventionellen Wohnungen scheinen überholt, Trennwände fallen, damit Aktivitäten ineinander übergehen können. Diese Entwicklung bezieht auch das Bad, früher ein privates Heiligtum mit ein. Zwar bildet die Bade-

wanne noch nicht das Zentrum des Wohnbereichs, in manchen Schlafzimmern hat sie sich aber durchaus einen Ehrenplatz erobert. Eine beliebte Zwischenlösung ist eine minimale Abgrenzung zwischen Schlafbereich und Bad, etwa in Form eines halbhohen Raumteilers mit seitlichen Durchgängen.

Offenbar verändern sich auch Schamgefühl und Körperbewusstsein, denn immer öfter werden Bäder mit direkter Verbindung ins Freie gebaut. Frische Luft, Sonnenschein und ein Ausblick in den Garten fördern das elementare Wohlbefinden. Streng genommen braucht ein Bad weder Tageslicht noch Fenster, solange für Beleuchtung und Entlüftung gesorgt ist. Andererseits ist es einfach angenehmer, beim Baden den Blick ins Grüne schweifen zu lassen.

Wenngleich wir heute weniger puritanisch sind als unsere Vorfahren und sogar unsere Eltern, schätzen die meisten Menschen es, wenn sie die Toilettentür hinter sich schließen können. 1974 drehte der surrealistische Filmemacher Luis Buñuel die Satire *Das Gespenst der Freiheit*, in dem die Gäste eines Diners um einen runden Tisch auf Toilettenbecken sitzen und sich erleichtern, um sich anschließend einzeln in kleine Separees zurückzuziehen und verstohlen und isoliert zu essen. Diese Umkehrung privater und sozialer Aktionen wirkt heute noch ausgesprochen provokant.

OBEN In diesem ausgebauten Loft liegen die Waschbecken im Schlafbereich, Dusche und Wanne sind im angrenzenden Bereich untergebracht. LINKS Badewanne und Dusche sind in einem Anbau mit komplett verglastem Dach untergebracht. Eine Wand aus Glasbausteinen trennt den Bereich vom übrigen Bad.

INSTALLATION FÜR ANFÄNGER

Beim Einbau eines neuen Badezimmers ist mindestens die Hilfe eines Sanitärinstallateurs erforderlich. Eventuell müssen auch Elektriker, Tischler und Architekt oder Bauingenieur konsultiert werden. Am einfachsten ist es, eine »Paketlösung« zu wählen, wie sie von Anbietern von Sanitärobjekten und Spezialfirmen für Badezimmergestaltung angeboten werden (siehe Seite 216f.). Andernfalls müssen Sie die einzelnen Handwerker selbst engagieren und die Arbeitsschritte koordinieren. In beiden Fällen ist etwas Grundlagenwissen sinnvoll um abzuschätzen, in wieweit praktische Aspekte Ihr Vorhaben einengen und um Handwerkern klare Aufträge zu erteilen – möglichst mit den richtigen Fachausdrücken.

Wasserversorgung

Jedes Installationssystem besteht aus einem Netzwerk aus Rohren. Durch Wasserleitungen gelangt Frischwasser ins Haus, durch Abwasserrohre gelangt es wieder hinaus. Einfache Rohrsysteme sind preiswerter und weniger störanfäl-

lig. In den meisten Fällen versucht man, alle Rohre in einem Schacht zu führen oder zumindest senkrecht zu verlegen. Bei der häuslichen Wasserversorgung unterscheidet man zwischen indirekter und direkter Versorgung. Sieht man von den technischen Details der Warmwasserbereitung ab, haben wir es bei der indirekten Versorgung mit Leitungswasser zu tun – sauberem, klarem Trinkwasser – das durch eine Steigleitung ins Haus gelangt. Diese versorgt den Kaltwasserhahn der Küche sowie einen Wasserspeicher, der in mehrgeschossigen Häusern meist unter dem Dach liegt. Vom Wasserspeicher führen Rohre zu den übrigen Kaltwasserhähnen, zum Warmwasserbereiter (sofern vorhanden) und zu den Toiletten. Streng genommen ist also der Wasserhahn der Küche der Einzige, aus dem frisches Trinkwasser mit vollem Leitungsdruck strömt. Sofern der Boden des Wasserspeichers nicht mindestens 3 Meter über dem Duschkopf liegt, reicht der Wasserdruck zum Duschen nicht aus und es muss eine Pumpe eingebaut werden.

LINKS Eine Badewanne von Philippe Starck bildet das Zentrum dieses modernen Badezimmers. Die Glastür rechts im Bild führt in die Dusche.

OBEN RECHTS Neben der heute üblichen direkten Wasserversorgung findet man in manchen alten Häusern auch noch ein indirektes Wassersystem, bei dem das Frischwasser lediglich zum Küchenwasserhahn und zu einem Speichertank geführt wird, der wiederum alle anderen Zapfstellen versorgt. Bei der direkten Versorgung zweigen alle Zapfstellen direkt vom Hauptnetz ab, haben also vollen Wasserdruck.

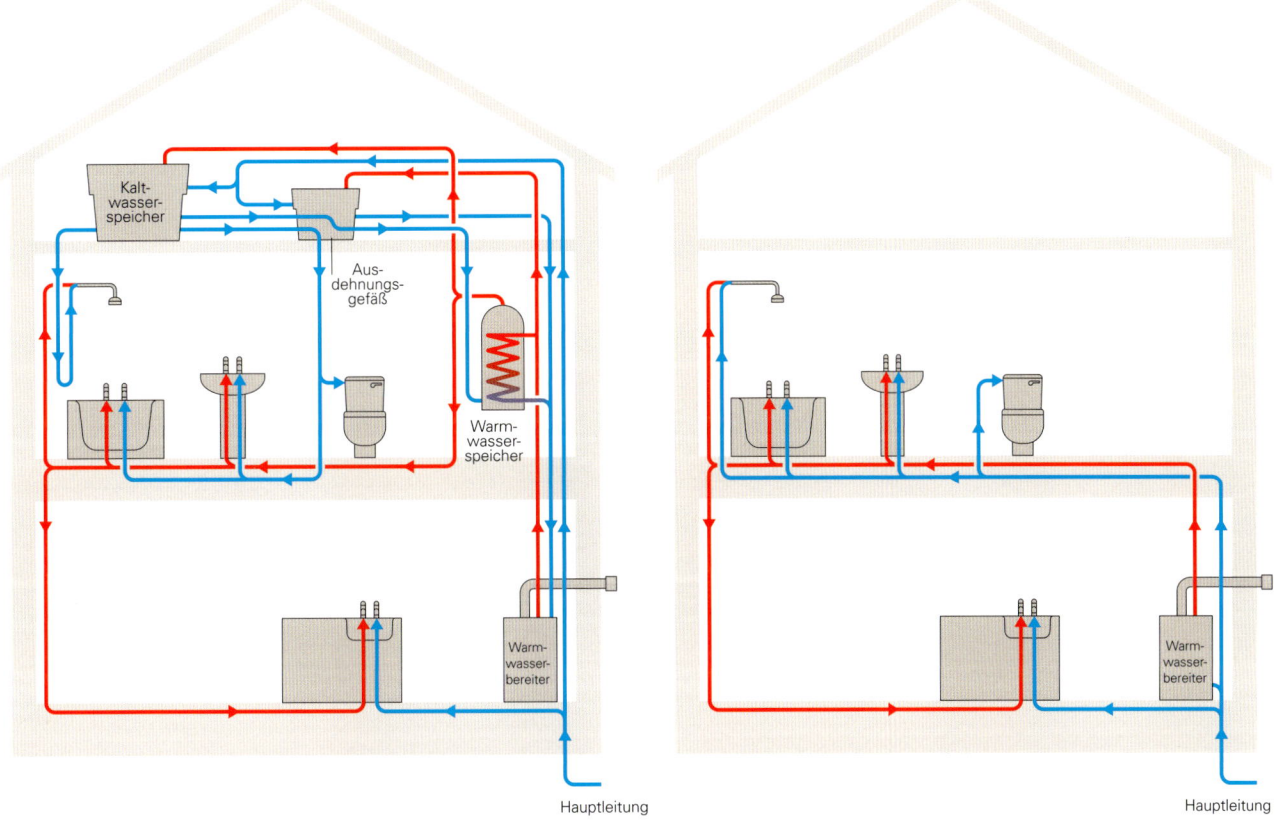

INDIREKTE WASSERVERSORGUNG

DIREKTE WASSERVERSORGUNG

Dieses indirekte System setzte man vor der Wende zum 20. Jahrhundert ein, als Brüche der Hauptwasserleitungen noch recht häufig vorkamen. Damals wurde in vielen Ländern der Einbau eines Wasserspeichers vorgeschrieben, damit die Haushalte im Fall einer Störung der Wasserversorgung einen ausreichenden Wasservorrat hatten. In älteren Häusern findet man gelegentlich solche Systeme noch vor, die meisten haben jedoch eine direkte Versorgung.

Bei der direkten Wasserversorgung, die heute in den USA und Europa der Standard ist, gelangt das Wasser durch die Hauptleitung ins Haus und wird direkt zu den verschiedenen Waschbecken, Badewannen, Duschen und Toiletten verteilt, aber auch zu Wasch- und Spülmaschinen, Klimaanlagen und Heizungssystemen. Das bedeutet, dass aus allen Wasserhähnen Trinkwasser fließt und dass unabhängig vom

Standort der Dusche im Haus immer ausreichender Wasserdruck zum Duschen vorhanden ist.

Die beiden Versorgungssysteme haben sich auch auf die Gestaltung von Badezimmerobjekten und Armaturen ausgewirkt. Bei indirekter Wasserversorgung sind klobige Wasserhähne mit weiten Bohrungen erforderlich, auch die Duschköpfe erinnern eher an überdimensionierte Gießkannen. Bei direkter Wasserversorgung können die Bohrungen der Wasserhähne und die Duschköpfe kleiner sein, weil der Wasserdruck höher ist.

Moderne Heizungsanlagen verfügen über leistungsfähige Elemente zur Warmwasserbereitung, die auch den früher üblichen Warmwasserspeicher überflüssig machen. In einigen Wohngebieten wird sogar das warme Wasser ins Haus geliefert, sodass nicht einmal ein Warmwasserbereiter erforderlich ist.

Dränage

Das Abwasser wird in den meisten Gebieten direkt in die
Kanalisation geleitet. In ländlichen Gegenden, in denen kein
Kanalisationsnetz vorhanden ist, fließt es in eine Klärgrube,
die in regelmäßigen Abständen ausgepumpt werden muss.
Noch recht neu sind Tanks für das leicht verschmutzte
Abwasser von Waschbecken, Dusche, Badewanne und
Waschmaschine (so genanntes Grauwasser), aus denen die
Toilettenspülungen versorgt werden

Die Schwerkraft sorgt dafür, dass das Abwasser abfließt.
Aus diesem Grund müssen alle Abwasserrohre ein Gefälle
haben, das mindestens 6 Millimeter auf 3 Meter Länge be-
tragen sollte. Bei langen Rohrstrecken sollte alle 3 Meter
eine Gefällestufe vorgesehen sein. Problematisch ist es, ein
Bad oder auch nur ein Waschbecken in großem Abstand
zum Hauptabflussrohr einzubauen, weil das nötige Gefälle
schwierig zu erreichen ist.

Direkt unter dem Abfluss von Sanitärobjekten beschreibt
das Abwasserrohr einen U-förmigen Bogen, auch Knie genannt. In diesem Bogen bleibt Wasser stehen und schließt
das Rohr luftdicht ab, sodass kein Abwassergeruch aus dem
Abfluss dringen kann. Mehrere Grauwasser-Abflüsse können
zusammengeführt werden, ehe sie in das Hauptabflussrohr
münden, Toilettenabflüsse dagegen müssen direkt ins Hauptabflussrohr geleitet werden. Das Hauptabflussrohr hat eine
Belüftung, die für Druckausgleich in den Wasserrohren sorgt,
Luftstauungen vermeidet und den Transport des Abwassers
in die Kanalisation erleichtert. Der Belüftungsgully muss
einen vorgeschriebenen Abstand zu Fenstern und Türen
haben, um Geruchsbelästigung zu vermeiden. In älteren Häusern wird das Grauwasser manchmal separat zu einem Gully
im Boden abgeleitet, während das Toilettenabwasser durch
ein separates Rohr direkt in die Kanalisation geführt wird.

Rohrleitungen

Heute bestehen die meisten Rohre aus Kupfer oder Kunststoff. Früher verwendete man zumeist Bleirohre, die in manchen älteren Häusern noch zu finden sind. Alte Kanalisations-
rohre bestanden häufig aus Gusseisen, heute werden auch
sie aus Kunststoff hergestellt. Wasserhähne und Absperr-
hähne bestehen meist aus Messing, in das sich sehr exakte
Gewinde schneiden lassen.

Kupferrohre sind teurer als Plastikrohre, sehen aber besser aus und sind leiser. Abwasserrohre bestehen heute fast

immer aus Kunststoff. Moderne Kunststoffrohre haben den Vorteil, dass sie für heißes und kaltes Wasser geeignet sind, bei Frost nicht platzen und auch nicht korrodieren. In den meisten Häusern findet man sowohl Metall- als auch Kunststoffrohre. Metallrohre müssen immer geerdet sein. Wird ein Stück Metallrohr durch Kunststoff ersetzt, muss eventuell die Erdung erneuert werden. Warmwasserrohre müssen außerdem mit einer Isolierung ummantelt sein. Früher wurden die Durchmesser von Rohren in Zoll angegeben, heute verwendet man meist metrische Maße. Sollen Rohre verschiedenen Durchmessers zusammengefügt werden, muss ein passendes Reduzierstück verwendet werden.

Abgesehen von manchen Lofts sind sichtbare Rohrleitungen meist unerwünscht, und die Kunst eines Installateurs besteht darin, Rohre so zu verlegen, dass sie sich leicht verstecken lassen. Beim Renovieren eines Altbaus ist es zwar preiswerter, neue Rohre sichtbar zu führen, dennoch lohnt sich auf lange Sicht der Aufwand, die Wände aufzustemmen, um sie unter Putz zu legen. Gerade verlaufende Rohre kann man alternativ verkleiden oder in der Farbe der Wände oder Fußleisten streichen. Bedenken Sie auch, dass man sich an frei liegenden Heißwasserrohren verbrennen kann.

Probleme

▸ In jeder Wohnung gibt es einen Haupthahn, mit dem sich das Wasser im Notfall abstellen lässt. Am Übergang des öffentlichen Netzes zum Haus liegt außerdem der Haupthahn des Versorgungsunternehmens. Sie sollten wissen, wo sich beide befinden. Klempner empfehlen, den Haupthahn eine halbe Drehung zu schließen, weil er sich dann nicht so leicht festsetzt.

▸ Das Abwassersystem sollte an mehreren Stellen zugänglich sein, um Verstopfungen beseitigen zu können. Viele Abzweigungen, Richtungsänderungen oder ein geringes Gefälle sind typische Risikofaktoren für Verstopfungen.

▸ Rohre unter dem Erdgeschossfußboden sollten isoliert werden, um Frostschäden zu vermeiden. Wird ein Haus über Winter nicht bewohnt, sollten die Räume ausreichend temperiert sein, damit die Rohre nicht einfrieren können.

▸ Wenn das Wasser aus Waschbecken, Dusche oder Wanne nur langsam abfließt, verwenden Sie einen Abflussreiniger. Beachten Sie die Gebrauchshinweise und spülen Sie mit reichlich kaltem Wasser nach. Haare und Seifenrückstände können sich im Abfluss sammeln und sollten regelmäßig entfernt werden, um ernstere Probleme zu vermeiden.

DIE RICHTIGE AUFTEILUNG

Selbst wenn Sie sich von einem Architekten, Innenarchitekten oder Badplaner eines Fachbetriebs beraten lassen, sollten Sie zuerst selbst einen Grundriss zeichnen. Er hilft Ihnen sich vorzustellen, was in dem Raum untergebracht werden kann und erleichtert es auch, anderen Ihre Wünsche zu erläutern. Das Zeichnen eines maßstabsgetreuen Grundrisses ist nicht schwierig. Zunächst machen Sie aus freier Hand eine Skizze des Raums, in die auch feste Elemente wie Fenster, Türen und Heizkörper eingezeichnet werden. Nehmen Sie die wichtigsten Maße und beschriften Sie die Skizze. Weil die Maße genau ausfallen müssen, sollten Sie ein Stahlbandmaß verwenden. Entscheiden Sie sich für eine Maßeinheit (z.B. Zentimeter) und verwenden Sie sie für alle Beschriftungen.

Nun werden die Maße mit einem Stahllineal und einem spitzen Bleistift auf Karopapier übertragen. Für Badezimmer ist ein Maßstab von 1:20 sinnvoll. Zeichnen Sie alle festen Elemente auf der maßstäblichen Zeichnung ein, dann markieren Sie die Positionen von Steckdosen, Lichtschaltern, Durchlauferhitzern und anderen Elementen. Zeichnen Sie auch ein, in welche Richtung die Tür schlägt. Wenn Sie ein älteres Bad renovieren und die vorhandenen Anschlüsse verwenden wollen (was bei weitem die einfachste und preiswerteste Lösung ist), sollten Sie auch die Positionen von Waschbecken, Badewanne, Toilette und anderen Objekten einzeichnen. Wenn Sie dagegen ein ganz neues Bad planen, könnten Sie Schablonen der Sanitärobjekte und eventuell Schränke ausschneiden und auf dem Grundriss umher-

LINKS Eine Grundrisszeichnung ist wichtig, um bei der Planung eines neuen Badezimmers festzulegen, wie viel Platz zwischen den Sanitärobjekten frei bleiben muss. Probieren Sie verschiedene Varianten aus, bis Sie die optimale Anordnung gefunden haben. In kleinen oder ungünstig geschnittenen Räumen sind die Optionen meist begrenzt.
OBEN RECHTS Eine gerundete Wand umgibt die Dusche, zwei Waschbecken mit Holzverkleidung hängen frei an der Wand. Der schwarze Marmorboden wirkt als verbindendes Element.
GANZ RECHTS Ein Schubladenelement aus schwarzem Holz setzt die Verkleidung der Badewanne fort. Diese »Insel« passt gut zum Stil des Raums.

schieben, um eine klarere Vorstellung der Optionen zu erhalten. Natürlich müssen die Schablonen maßstabsgetreu und beschriftet sein.

Weil bei der Badplanung auch die Höhe eine Rolle spielen kann, brauchen Sie eventuell maßstäbliche Zeichnungen der Ansicht einer oder mehrerer Wände. Verwenden Sie den gleichen Maßstab wie für den Grundriss und notieren Sie die Deckenhöhe, die Abmessungen von Fenstern, Türen und anderen Öffnungen sowie die Positionen fester Elemente wie Boiler oder Heizkörper.

1974 veröffentlichte Professor Alexander Kira von der Cornell University *The Bathroom*, in dem er die Ergebnisse einer Studie über die Ergonomie von Badezimmern zusammenfasst. Wie in früheren Studien über Küchen werden auch hier Größen- und Abstandsentfernungen empfohlen. Kira untersuchte die Bewegungen und Haltungen bei der Benutzung von Sanitärobjekten. Steht beispielsweise eine Person am Waschbecken und führt mit gewölbten Händen Wasser zum Gesicht, bilden die Ellbogen ein Dreieck, an dem Wasser abfließt. Ist das Waschbecken schmaler als die Distanz zwischen den Ellbogen, tropft dieses Wasser auf den Boden.

RECHTS Der britische Architekt
David Chipperfield hat dieses
moderne Bad mit den drei klar
erkennbaren Zonen gestaltet.
Eine Wand trennt die Wanne
aus schwarzem Basalt von der
Nische mit der Toilette, der
Waschtisch ist in die Wand unter einem seitlich beleuchteten
Spiegel eingelassen. Interessant
ist das indirekte Licht der auf
Bodenniveau angebrachten
Leuchten. Die Wand gegenüber
der Badewanne ist komplett
verglast, die oberen Flügel
lassen sich öffnen.

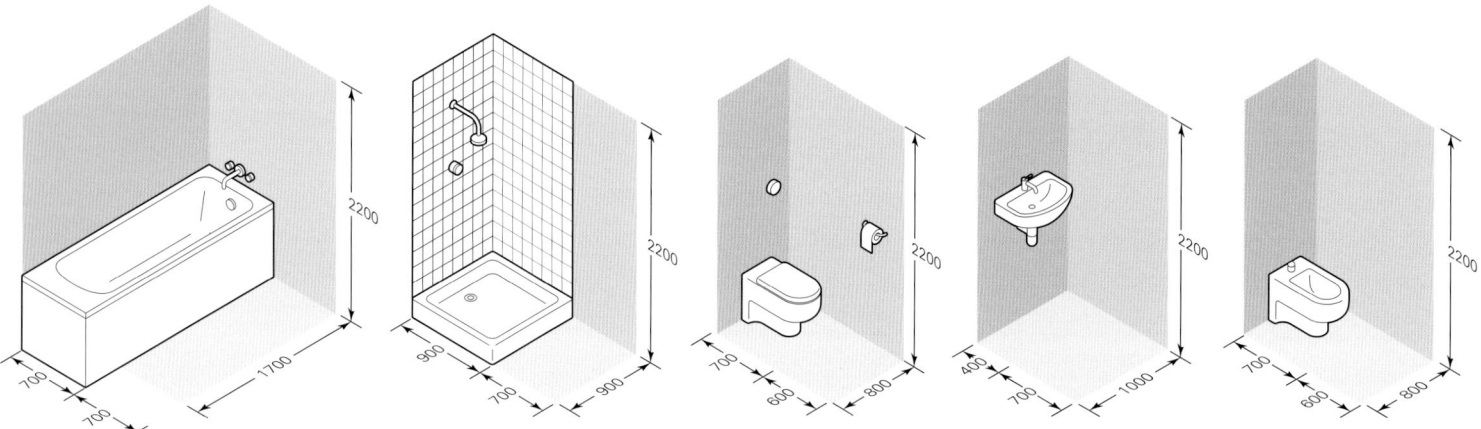

Bei der Einrichtung von Küchen orientiert man sich meist am so genannten Arbeitsdreieck. Eine so einfache Formel für die Badgestaltung lässt sich aus Professor Kiras Studien jedoch leider nicht ableiten. Während Kücheneinrichtungen normalerweise aus standardisierten, rechteckigen Modulen zusammengesetzt werden, findet man in einem Bad Objekte in verschiedenen Größen und Formen, was die Raumaufteilung zusätzlich erschwert. Bei der Platzierung von Toilette, Badewanne, Dusche und Waschbecken muss vor allem darauf geachtet werden, dass davor oder seitlich ausreichend Bewegungsfreiraum zur bequemen Benutzung vorhanden ist. Grundsätzlich sollte man versuchen, zwischen Toilette und restlichem Bad eine Trennwand oder einen Raumteiler einzuplanen. Auf keinen Fall sollte das WC direkt neben dem Kopfende der Wanne stehen. Im Idealfall bekommt es einen Platz, an dem man es beim Öffnen der Badezimmertür nicht sofort sieht. Waschbecken sollten einen Platz mit gutem Tageslicht zum Rasieren und Schminken haben.

Womit beginnt man nun die Planung? Die Position der Toilette ist ein sinnvoller Ausgangspunkt, denn sie richtet sich nach der Lage des Abwasserrohrs. Wo die Rohranschlüsse bereits vorhanden sind, ist die Position weitgehend vorgegeben. Auch die Badewanne könnte als Ausgangspunkt dienen, weil sie die größte Bodenfläche einnimmt. Die Installation ist erheblich einfacher, wenn Badewanne und Toilette oder Toilette und Waschbecken an einer Wand aufgereiht sind.

Volle Stehhöhe braucht man nicht in allen Bereichen des Badezimmers. In der Dusche muss man natürlich aufrecht

stehen, die Badewanne kann aber unter einer Dachschräge eingebaut werden, sofern die Höhe zum bequemen Ein- und Aussteigen ausreicht. Auch eine Toilette kann unter der Dachschräge installiert sein, wenn davor genügend Stehhöhe vorhanden ist.

Die maßstäblichen Zeichnungen können dabei helfen, Funktion und Proportionen des Raums optimal auszuarbeiten. Hohe, schmale Räume sehen oft besser aus, wenn man die Decke absenkt oder den Fußboden anhebt. Man könnte eine Tür so umbauen, dass sie in die andere Richtung schlägt, oder ein Fenster zumauern, um Platz für eine Dusche zu gewinnen. (Weitere Vorschläge zu Planung und Aufteilung siehe Seite 40–131.)

Abmessungen und Bewegungsfreiheit

▸ **Toilette:** Standardtiefe 700 Millimeter, plus 600 Millimeter Bewegungsfreiheit davor.

▸ **Bidet:** Standardtiefe 700 Millimeter, plus 600 Millimeter Beinfreiheit davor und an beiden Seiten.

▸ **Badewanne:** Standardmaße 1700 Millimeter Länge x 700 Millimeter Breite, bei längsseitiger Montage davor 700 Millimeter Bewegungsfreiheit.

▸ **Dusche:** Standardmaß 900 x 900 Millimeter, davor 700 Millimeter Bewegungsfreiraum.

▸ **Waschbecken:** Standardtiefe 400 Millimeter, davor 700 Millimeter Bewegungsspielraum, seitlich mindestens je 200 Millimeter.

OBEN LINKS Die Zeichnungen zeigen typische Abmessungen für Badezimmerobjekte sowie den nötigen Freiraum für ihre bequeme Benutzung. Weil heute viele Sanitärobjekte in ungewöhnlichen Formen und Größen angeboten werden, sollten Sie immer die genauen Maße erfragen, ehe Sie sich entscheiden.

OBEN RECHTS UND RECHTS Dieses Bad ist ein Ensemble von Einzelbereichen, die an einem gemeinsamen Flur liegen. Der polierte Beton der Oberflächen schimmert im diffusen Licht, das durch das Fenster einfällt. Die beiden Waschbecken sind in einer tiefen Nische auf hölzernen Schubladenschränken installiert. Gegenüber wurden zwei Nischen eingebaut, eine für die Badewanne und eine zweite für die bodenebene Dusche.

Das Bad ist heute kein zweckmäßiges Anhängsel mehr, das klinisch ausgestattet und lieblos gestaltet und dekoriert ist. Es ist ein eigenständiger Raum, der ebenso viel Bedeutung hat wie Küche, Schlafzimmer oder Wohnbereich. Durch diese neue Wertschätzung hat sich auch die Gestaltung des Badezimmers verändert.

Allem voran ist das Bad ein Raum, um sich zu reinigen. Doch darüber hinaus dient es noch verschiedenen anderen Zwecken. Für viele Menschen ist es der ideale Ort zum Nachdenken, sie erleben diese besonderen »Heureka!«-Momente regelmäßig in der Wanne oder unter der Dusche. Andere gehen nicht ohne Buch in die Badewanne, und für manche ist das Bad ein Tempel der Körperkultur, zu der auch Fitnesstraining oder eher passive therapeutische Maßnahmen gehören.

In diesem Kapitel geht es um verschiedene Konzepte zur modernen Badgestaltung. Mal spielen Raumgröße und -form eine Rolle, mal Lebensstil und persönliche Vorlieben. Natürlich gibt es Überschneidungen, ein Nassraum kann beispielsweise klein oder ein Familienbad ungünstig geschnitten sein. Dennoch lassen sich durch diese Gliederung spezifische Probleme und Lösungen gut beleuchten. Fallbeispiele zeigen, wie sich die verschiedenen Badkonzepte in die Praxis umsetzen lassen.

KONZEPT & UMSETZUNG

LINKS Schlangenlinien aus
Kupferrohr dienen als heizbarer
Handtuchhalter hinter der
Wanne mit den Klauenfüßen.
RECHTS Fliederfarbene Wände,
weiß gestrichene Bodendielen,
ein Steinkamin und ein venezi-
anischer Spiegel – so elegant
kann ein Bad sein.
UNTEN Die Wanne steht vor der
Balkontür, sodass man beim Ba-
den die Aussicht genießen kann.
Bücherregale und altmodische
Möbel unterstreichen die zwang-
lose, entspannte Atmosphäre.

WOHNBÄDER

Ein wohnliches Bad wird lässig und mit großzügiger Hand gestaltet.
Jedes Bad sollte aber behaglich sein und zum Verweilen einladen.

In einem Wohnbad hält man sich gern etwas länger auf.
Wohnliche Gemütlichkeit lässt sich erreichen, indem man
das Badezimmer oder wenigstens die Wanne in einen anderen Raum integriert.

Natürlich kann man auch das Bad selbst wohnlich
gestalten und mit gemütlichen Accessoires ausstatten. Ein
Bad mit Kamin, reichlich Platz für eingebaute Kleider- und
Wäscheschränke, möbliert mit Sofas oder Sesseln macht
unmissverständlich klar, dass die Behaglichkeit nicht vor der
Badezimmertür aufhört.

Badezimmer, die direkt an einen Schlafraum grenzen,
wirken allein durch diese enge Verbindung ausgesprochen
wohnlich. Groß müssen sie gar nicht sein. Besonders gelungen ist eine solche Raumkombination, wenn man beide
Bereiche als Ganzes betrachtet und entsprechend gestaltet und einrichtet, sodass ein nahtloser Übergang entsteht.

Der richtige Standort

Ein Wohnbad braucht mehr Platz als andere Badkonzepte, weil das Gefühl von Großzügigkeit in direktem Zusammenhang zur Bodenfläche steht. Auch die Sanitärobjekte und Accessoires, die entspannte Behaglichkeit vermitteln, sind oft nicht gerade kompakt. Damit ein Bad wohnlich wirkt, muss Platz für Wohnrequisiten vorhanden sein – etwa einen Ankleidebereich oder ein bequemes Sitzmöbel. Daneben spielt die Bewegungsfreiheit eine Rolle. Ein Bad mit reichlich Platz zwischen den einzelnen Elementen wirkt einfach entspannter als ein streng durchgeplanter Raum, in dem man – wenn auch meist unbewusst – wahrnimmt, dass jeder Zentimeter genutzt ist.

Unabhängig von der Lebensphase räumt ein wohnliches Bad Entspannung und Körperpflege einen sehr hohen Stellenwert ein. Viele Paare gönnen sich ein solches Bad, wenn die Kinder erwachsen und ausgezogen sind: Ein frei gewordenes Kinderzimmer kann umgebaut werden und man hat mehr Zeit, sich selbst zu verwöhnen. Aber auch kinderlose Singles sind durchaus bereit, einen Schlafraum oder einen Teil des Wohnbereichs für ein Genießerbad zu opfern. Es ist nicht immer notwendig, andere Räume zugunsten des Bades zu verkleinern. Wenn das Schlafzimmer groß genug

ist, könnte auch dort Badewanne oder Waschbecken untergebracht werden, sodass kein zusätzliches Zimmer gebraucht wird.

In den letzten Jahren haben sich konventionelle Raumkonzepte zunehmend aufgelöst, man bevorzugte große, multifunktionale Räume. Auch dadurch wurde das Bad enger an andere Bereiche angegliedert, vor allem an den Schlafbereich. Das direkt ans Schlafzimmer grenzende Bad zeigt die logische Umsetzung der natürlichen Verbindung dieser beiden Bereiche, die quasi den Tageslauf einrahmen. Je enger die räumliche Verbindung, desto leichter gelangt man aus dem Bett unter die Dusche. Ein Bad, das nur durch das Schlafzimmer zu erreichen ist, hat einen besonderen Reiz, weil es ein Refugium im Refugium ist.

Entwickelt man dieses Konzept weiter, kommt man zum offenen Schlaf-Bade-Bereich, in dem die Wanne nicht mehr versteckt wird. In älteren Häusern sind die Schlafräume oft recht groß, sodass sich eine Badewanne ohne Verlust von Stellfläche leicht unterbringen lässt. In modernen Wohnungen kann dagegen das ans Schlafzimmer angrenzende Bad relativ klein sein. Bricht man die Trennwand zwischen beiden Räumen heraus, wirkt der gesamte

OBEN Eine überbreite Schiebetür trennt das Bad vom Schlafbereich mit direktem Zugang zur Terrasse. GANZ LINKS Das dunkle Schokoladen-braun der Wände wiederholt sich auf dem Holzfußboden und der gestrichenen Wanne. LINKS Eine Schiebetür aus satiniertem Glas führt aus dem Schlafzimmer in das Bad mit Mosaikfliesen. Das ebenfalls satinierte Innenfenster ist drehbar.

Bereich viel großzügiger. Wer es nicht ganz so offen mag, kann die Tür aushängen, um die Verbindung zu verdeut-lichen und die Lichtverhältnisse zu verbessern. Eine andere Zwischenlösung wäre eine Glaswand zwischen den Be-reichen, satiniertes oder gemustertes Glas sorgt bei Bedarf für Sichtschutz. Auch Trennwände in halber Raumhöhe oder -breite sind denkbar und lassen sich gleichzeitig als über-dimensionales Kopfende für das Bett nutzen.

Wer bauliche Veränderungen plant, etwa eine tragende Wand ganz oder teilweise entfernen will, muss einen Archi-tekten oder Statiker konsultieren. Für manche Vorhaben ist auch eine behördliche Genehmigung erforderlich. Eine gute Belüftung darf nicht fehlen, eventuell ist auch eine Absaug-vorrichtung sinnvoll. Es mag angenehm sein, im Schlafraum zu duschen oder zu baden – doch nicht um den Preis klam-mer, muffiger Bettwäsche.

LINKS In großen Räumen müssen die Elemente nicht unbedingt zusammenpassen. Der Waschtisch aus Philippe Starcks Edition 1 mit der Birnbaum-Verkleidung verträgt sich gut mit der Reproduktion einer antiken Badewanne auf Chrom-Löwenfüßen.

RECHTS Eine sehr intime Entspannungszone mit einer versenkten Wanne am Fußende eines ebenfalls versenkten Betts. Wände, Decke und Wannenumgebung sind mit einer Perlmuttfarbe gestrichen, die dem Raum etwas Märchenhaftes gibt.

Idee und Aufteilung

Wo reichlich Grundfläche vorhanden ist, bieten sich viele Möglichkeiten zur dynamischen und unkonventionellen Gestaltung. In kleinen Räumen kann es schwierig sein, alles Notwendige unterzubringen. Meist muss man sich der Raumform anpassen. In großen Räumen dagegen müssen die Sanitärobjekte nicht an der Wand aufgereiht sein. Eine Badewanne könnte man als Blickfang mitten in den Raum platzieren, aber auch rechtwinklig zur Wand oder vor einem Erkerfenster aufstellen. Ist an beiden Seiten oder im Idealfall rings um die Wanne reichlich freier Platz vorhanden, entsteht fast automatisch eine beschaulich-entspannte Atmosphäre – umso mehr, wenn man aus der Wanne noch eine schöne Aussicht hat.

Eine andere ungewöhnliche Möglichkeit, die zugleich eine gewisse Trennung zwischen den Funktionsbereichen schafft, besteht darin, die Wanne auf einer anderen Ebene zu installieren – entweder erhöht auf einem Podest oder im Boden versenkt. Der Bau eines Podestes, in dem die Wanne versenkt wird, ist meist der einfachste und preiswerteste Weg, um einen solchen Ebeneneffekt zu erzielen und auch das Einsteigen zu erleichtern.

Moderne Duscharmaturen sind so schlicht und elegant, dass sie kaum auffallen, Wasserspritzer dagegen umso mehr. Eine Duschkabine oder eine runde Duschabtrennung ist vor allem in offen gestalteten Räumen sinnvoll, um für die nötige Abgrenzung zwischen trockenen und nassen Bereichen zu sorgen. Runde Duschabtrennungen sehen ganz nebenbei auch interessant aus. Steht reichlich Platz zur Verfügung, kann man auf eine Abtrennung verzichten und den Duschbereich wasserfest abdichten. Der Boden muss ein leichtes Gefälle zum Abfluss hin haben, damit das Wasser sich nicht im ganzen Raum verteilt (Böden in Nassbereichen siehe Seite 94).

Selbst in großzügigen Bädern sollte man Waschbecken an der Wand installieren, um auffällige Rohrleitungen zu vermeiden und Platz für Stauraum zu schaffen. Soll in einem großen Schlafzimmer nur die Badewanne sichtbar sein, könnte man das Waschbecken in einem Einbauschrank verstecken, sodass es hinter Türen verschwindet, wenn es nicht benutzt wird. Ähnlich lässt sich auch eine private Nische für eine Toilette in einem offenen Schlaf-Bade-Bereich schaffen. Alternativ wäre eine massive Trennwand denkbar, die nicht bis zur Decke reichen muss.

Wer in das Wohnbad einen Ankleidebereich integriert, gewinnt Platz im Schlafraum. Le Corbusier betrachtete die Gewohnheit, Kleidungsstücke im Schlafzimmer aufzubewahren, als »unhygienisch«. Man muss aber gar kein Reinlichkeitsfanatiker sein um zu erkennen, dass ein Schlafzimmer ohne dominante Schränke viel leichter, friedlicher und erholsamer wirkt. Außerdem ist es durchaus praktisch, Kleidung dort bereit zu halten, wo man sich wäscht. Eine ganze Wand voller Einbauschränke, mit Regalen, Kleiderstangen und Fächern auf die individuellen Bedürfnisse abgestimmt, fasst eine komplette Garderobe. Grenzt das Bad ans Schlafzimmer an, könnte auch der Übergangsbereich zwischen den Räumen in einen begehbaren Kleiderschrank verwandelt werden.

OBEN Claudio Silvestrin gilt als einer der Meister des Minimalismus. In diesem von Silvestrin gestalteten Appartement in Mailand vermittelt die strenge, reduzierte Architektur eine meditative Ruhe, Baden und Waschen bekommen beinahe den Stellenwert zeremonieller Riten. In so schlichten Räumen fällt jedes Detail ins Auge. Dicke Glasscheiben trennen den Schlafbereich vom Bad, sodass das Tageslicht, das durch die

hohen Fenster einfällt, sich im ganzen Raum verteilen kann. Die Dusche ist nichts als ein gebogenes Rohr, das Wasser fließt durch Zwischenräume zwischen den großen Steinplatten ab. Waschbecken und Konsole aus Naturstein sind Entwürfe von Silvestrin. Stein besitzt große
optische Präsenz und vermittelt etwas Monumentales.

Material und Oberflächen

Viele traditionelle, praktische Badezimmermaterialien sind für einen Schlafbereich eigentlich etwas zu hart, zu kühl und zu ungemütlich. Das gilt besonders für den Fußboden, den man in beiden Bereichen überwiegend barfuß betritt. Denkbar wäre, zwei verschiedene Materialien zu kombinieren, etwa Teppichboden oder einen Naturfaser-Bodenbelag im Schlafbereich und Fliesen, Naturstein oder Mosaik in der Feuchtzone. Diese Lösung sieht besonders gelungen aus, wenn beide Materialien den gleichen Farbton haben und sich zwischen den Bereichen eine subtile Abgrenzung befindet, vielleicht eine Stufe oder ein Raumteiler. Selbst bei einer klareren Abgrenzung zwischen Schlafzimmer und angrenzendem Bad sollte man die Räume als Einheit gestalten. Aufeinander abgestimmte Farbtöne betonen die Verbindung und lassen den Bereich auch dann als Ganzes wirken, wenn verschiedene Materialien verwendet werden.

Wer beim Baden und Waschen selten Überschwemmungen produziert oder nicht viel spritzt, könnte einen durchgehenden Holzboden verlegen, der jedoch gut versiegelt sein muss. Ein Läufer vor dem Bett schafft Gemütlichkeit. Auch in einem geräumigen Bad kann ein Läufer eine behaglichere Atmosphäre schaffen, er sollte aber in ausreichendem Abstand zu Dusche und Wanne liegen. Ein gegossener Gummiboden ist ein weiterer für beide Bereiche geeigneter Belag: warm und weich, aber auch wasserfest. Weil nasses Gummi rutschig ist, sollte vor Dusche oder Wanne eine rutschsichere Bademarte liegen.

Stein und Fliesen sind nicht unbedingt die Lieblingsmaterialien für kombinierte Schlaf-Bade-Bereiche. In heißen Ländern wird der Nachteil ihrer Härte aber durch die angenehme Kühle unter den Füßen mehr als ausgeglichen. In kühleren Regionen kann eine Fußbodenheizung für die nötige Behaglichkeit sorgen.

OBEN Das offene Schlaf-Bade-Zimmer der französischen Designerin Andrée Putnam wirkt chic und modern. In den Hartholzboden wurde eine Fläche mit Mosaikfliesen eingesetzt, auf der die eiförmige Natursteinwanne steht. **OBEN RECHTS** Das große, ans Schlafzimmer angrenzende Bad bietet Platz für zwei Waschbecken, eine frei stehende Wanne und einen Wäscheschrank. **RECHTS** Teakbretter mit schmalen Zwischenräumen sind ein praktischer Bodenbelag für den Feuchtbereich. Die halbhohe Betonwand grenzt den Waschtisch vom Schlafbereich ab.

OBEN Früher erhitzte man Wasser auf dem Küchenherd und füllte es mit Eimern in die Wanne. Dieses elegante Bad mit der französischen Flechtbank, dem antiken Kamin und dem Parkettboden hat den Charme historischer Boudoirs. Die Gusseisenwanne, der Paravent, der Stuhl mit Sprossenlehne und der antike Kronleuchter tragen ihr Teil zu dieser Wirkung bei.

Sanitärobjekte und Armaturen

Ein Wohnbad und ein in den Schlafbereich integriertes Bad verlangen nach einer Ausstattung, die genauer Betrachtung standhält. Die Badewanne fällt besonders ins Auge, vor allem, wenn sie einen ungewöhnlichen Standort hat. In einer solchen Einrichtung sind Standardwannen, die normalerweise längs an einer Wand aufgestellt oder eingebaut werden, nicht die beste Wahl. So eine Wanne würde schlicht deplatziert aussehen. Hier kann sich ein ungewöhnliches Stück in seiner ganzen Pracht zeigen, sei es eine historisch inspirierte Rollrand-Wanne mit Klauenfüßen, ein modernes, ovales Modell oder eine große, runde Wanne. Die wohnliche Wirkung kann auch dadurch unterstrichen werden, dass man eine Wanne aus ungewöhnlichem Material wählt. Und wer beim Baden gern Gesellschaft hat, könnte sich für eine große Wanne mit Platz für zwei Personen entscheiden.

Anstelle konventioneller Waschbecken eignen sich für einen wohnlichen Kontext edle Waschschüsseln sowie Schränke oder Tische mit eingelassenen Waschbecken. Wer alte Möbel bevorzugt, kann auch vorhandene Stücke umbauen lassen. Waschbecken aus Holz, Terrakotta oder Naturstein wirken besonders taktil.

Eine Chaiselongue, ein Sofa oder ein Paar gemütlicher Sessel betonen den wohnlichen Charakter und laden ein, sich zu setzen und eine Pause zu machen, in der Zeitung zu blättern oder ein Buch zu lesen. Natürlich sind solche Möbel auch für die Pediküre viel bequemer als der Badewannenrand oder der Toilettendeckel. Andere frei stehende Möbel

OBEN Ein langer Refektoriumstisch aus Holz steht an einer Wand und gibt diesem ländlichen Bad mit der Rollrand-Wanne und dem Dielenboden eine behagliche Note.

LINKS Die Einrahmung des Betts und die Wanne bestehen aus Beton, der mit den Bodenbelägen kontrastiert: Holz im Schlafbereich, Stein im übrigen Raum, dazu üppige, weiße Vorhänge.

wie ein Wäscheschrank, eine Kommode für Handtücher oder ein Tischchen zum Ablegen eines Buches sind weitere Variationen des Themas Wohnlichkeit.

Ein wichtiger Faktor ist auch das, worauf verzichtet wird. Übertreiben Sie die Möblierung nicht, sonst wirkt der Raum bald überfüllt und verliert seine ruhige Ausstrahlung, die auf Großzügigkeit basiert. Aus praktischen Gründen sollten Sie auch mit Stoffen und Polstern sparsam sein. Ein Wohnbad mag möbliert sein, dennoch bleibt es ein Feuchtraum. Teppiche oder Vorhänge leiden beträchtlich, wenn sie feuchtwarme Luft absorbieren. Natürlich ist ein wohnliches Bad der falsche Ort für Waschmaschine und Trockenständer.

Sonderausstattung

Ein wohnliches Bad signalisiert, dass Entspannung eine ebenso große Bedeutung hat wie die Notwendigkeiten von Reinigung und Körperpflege. Ein Kamin, eine Stereoanlage und andere Dinge, die man eher dem Wohnbereich zuordnet, können viel für die Genießer-Atmosphäre tun.

Es gibt kaum etwas Schöneres, als an einem eisigen Wintertag vor einem knisternden Kaminfeuer zu baden. Das Feuer schafft gemütliche Wärme, und mancher kann die Zeit um sich vergessen, wenn er in die Flammen starrt. Eine Stereoanlage ist ebenfalls ein Gewinn fürs Bad, vor allem für diejenigen, die in der Wanne oder unter der Dusche gern einmal ein Lied schmettern.

Ich persönlich bin froh, wenn ich dem Fernsehschirm einmal entkommen kann. Für alle, die sich nur schwer von der Flimmerkiste losreißen können, werden jedoch inzwischen Geräte angeboten, die speziell fürs Badezimmer gedacht sind. Sie sind mit einer heizbaren Frontscheibe ausgestattet, die verhindert, dass der Bildschirm beschlägt. Meist sind es Einbaugeräte, die in die Wand eingelassen werden und bündig mit Fliesen oder Täfelung abschließen. Eines dieser Spezialmodelle ist nur 12,5 Zentimeter tief.

Wie in allen Räumen spielt die Qualität der Beleuchtung eine wichtige Rolle. Dimmer machen es leicht, je nach Laune oder Tageszeit die Atmosphäre zu verändern. Ein Bad bei Kerzenlicht hat natürlich seinen ganz besonderen Reiz, vor allem, wenn die Kerzen auch noch gut duften.

OBEN Lieblingssendung? Spezielle Fernsehgeräte haben eine heizbare Frontscheibe, die verhindert, dass der Bildschirm beschlägt. Einige Modelle werden bündig in die Wand eingelassen.

RECHTS Zwischen dem Wohnbereich und dem Bad mit Schieferverkleidung liegt eine gerundete Betonwand mit integriertem Kamin, der auf beiden Seiten einen Blickfang bildet.

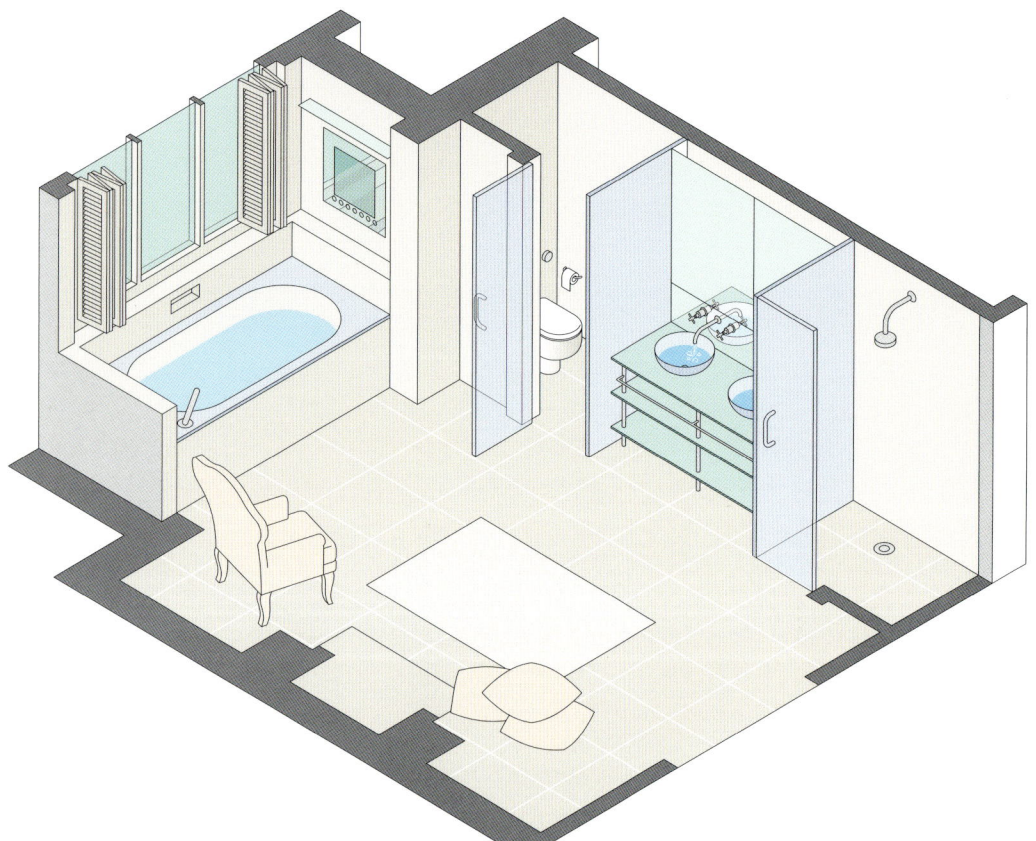

LINKS Weil alle Sanitärobjekte in die Nischen eingebaut wurden, blieb in der Mitte des Raums Platz für Sessel und Kissen. Vor allem die Waschtisch-Nische ist ein Meisterwerk der Präzision. In der Konstruktion aus gehärtem Glas lässt sich kein Fehler vertuschen.

UNTEN LINKS Die Stahlwanne hat eine Deckblende aus satiniertem Glas, der Spritzschutz besteht, wie der Fußboden, aus Sandstein. Ein spezieller Badezimmer-Fernseher ist in die Wand am Fußende eingelassen.

Zum Beispiel **Ein Wohnbad**

Ein großzügiges Bad ist ein besonderer Luxus. Allerdings muss die Aufteilung gut durchdacht sein, damit die einzelnen Elemente nicht verloren wirken. In diesem Bad neben dem Schlafzimmer im ersten Stock eines Londoner Stadthauses sind die Sanitärobjekte in Nischen entlang der Außenwand untergebracht, während die Mitte wie ein Wohnbereich eingerichtet ist. Die Symmetrie des Raums blieb gewahrt, weil die Badewanne in den Erker gegenüber der Doppelflügeltür eingebaut wurde und das Waschbecken dem Kamin gegenüber liegt.

Weniger wohnliche Elemente wie Dusche und Toilette sind in Glaskabinen beiderseits des Waschbeckens eingebaut. Die raffinierten Einbauten, die hochwertigen Objekte und Armaturen sowie die großen Glasflächen verlangten ein ungewöhnliche hohes Maß an Präzision bei Konstruktion und Detailverarbeitung. In den flachen Hochschränken über dem Waschtisch sind alle Serviceelemente untergebracht, zum Beispiel für Wasserspeicher, Dampfgenerator, Absauganlage, Klimaanlage und Warmluftheizung.

OBEN In der Nische rechts im Bild ist eine Massagedusche mit Dampffunktion eingebaut, unter dem Sandsteinboden befindet sich eine Duschwanne aus verzinkten Stahl. Toiletten- und Duschkabine sind mit Sandsteinplatten ausgelegt. Die gläsernen Waschschüsseln stehen auf einem offenen Glasregal, das Platz für Handtücher bietet. Der Spiegel ist seitlich beleuchtet.

LINKS Die Wannennische mit Blick auf den Garten ist mit einem Zierrahmen eingefasst, der mit dem Rahmen der gegenüberliegenden Doppeltür korrespondiert. Der Wasserzulauf ist schräg auf einer Ecke installiert, die Regler befinden sich an der Wand.

Zum Beispiel **Ein Wohnbad im Schlafraum**

Dieses Ferienhaus in Südafrika liegt auf einer Sanddüne mit Blick auf den Strand. Die Gestaltung reflektiert den unkomplizierten Charakter der direkten Umgebung.

Der Bau selbst und seine Einrichtung orientieren sich am schlichten Stil der örtlichen Fischerhäuschen. Der Grundriss ist relativ offen. Zwischen Schlafbereich und Bad liegt nur eine beidseitig abgewinkelte, halb hohe Wand, die den Ausblick nicht stört und Licht und Luft durch den Raum fluten lässt.

Das Bad mit dem Betonboden und der gläsernen Duschkabine ist sehr funktional eingerichtet. Der Schlafbereich dagegen wirkt durch den Holzboden, die sanften Farben und natürliche Texturen angenehm ruhig. Die Wanne steht vor einem hohen Fenster, durch das man auf eine der Terrassen am Haus blickt.

OBEN Die Wanne von Philippe Starck ist passend zum Fußboden mit Beton verkleidet. So fügt sie sich harmonischer in das Gesamtkonzept des Raums ein. Auch die frei stehende Mischbatterie sowie die Armaturen von Waschbecken und Dusche (rechts) sind Modelle von Starck.

RECHTS Drei Glasscheiben schützen vor Spritzern aus der Dusche. Zwei Keramikwaschschüsseln sind auf einem Tisch montiert, der zum Verstauen von Handtüchern und Accessoires dient.

LINKS Die sanften Farben und Texturen ähneln denen des Strandes gleich vor der Tür. Die frei liegenden Balken unter der Decke sind weiß lasiert. Der Wechsel zwischen Holzboden im Schlafbereich und Beton im Bad fällt kaum ins Auge, weil beide einen sehr ähnlichen Farbton haben. Ungewöhnlich ist, dass das Bad den größeren Teil der Fläche einnimmt, während der Schlafbereich kaum größer als das Bett ist.

UNTEN Die abgewinkelte Betonwand weist dem Bett seinen Platz im Raum zu. Weil sie nur halbe Höhe hat, wirkt der Raum offen und luftig.

FAMILIENBÄDER

Ein Familienbad hat immer mehrere Benutzer,
die meist verschiedenen Generationen angehören.

Damit ein Familienbad den Bedürfnissen aller Benutzer gerecht werden kann, müssen bei der Planung die verschiedenen Ansprüche und körperlichen Fähigkeiten berücksichtigt werden.

Ein typisches Problem vieler Familienbadezimmer sind die Engpässe, die zu verschiedenen Stoßzeiten auftreten. Es erleichtert die Tagesroutine erheblich, wenn beispielsweise zwei Waschbecken oder Dusche plus Badewanne vorhanden sind.

Das Familienleben verändert sich ständig. Kinder werden unglaublich schnell groß, und aus dem Kleinkind, das nur mit Versprechen, Bestechung oder Drohungen ins Bad zu bewegen war, wird im Handumdrehen ein Teenager, der hinter geschlossener Badezimmertür eine äußerst intime Beziehung zum Spiegel entwickelt. Damit ein Bad mit diesen Veränderungen Schritt halten kann, muss es flexibel sein.

Die Lage der Wohnung

Ein Familienbad sollte möglichst geräumig sein. Wer die Wahl hat, sollte lieber einen großen Raum als Bad verwenden und woanders mit weniger Platz zufrieden sein. Kleine Räume eignen sich durchaus als Schlafzimmer, während ein beengtes Familienbad mit ziemlicher Sicherheit auf Dauer für alle zur Belastung wird.

Der Zugang ist ein wichtiger Aspekt. Ideal ist ein Bad, das alle für Benutzer gleichermaßen leicht erreichbar ist. Solange die Kinder klein sind, ist es praktisch, wenn das Bad in der Nähe ihrer Zimmer liegt. Und befindet es sich nicht im gleichen Stockwerk, sollte es über möglichst wenige Stufen zu erreichen sein. So vermeidet man nächtliche Treppenstürze und all die anderen Unfälle, die zwangsläufig passieren, wenn kleinere Kinder die Toilettenbenutzung lernen und es nicht immer rechtzeitig schaffen.

LINKS Doppelwaschtische sind in Familienbadezimmern eine gute Idee, um Stauungen zu bestimmten Tageszeiten zu vermeiden. Hier erfüllt ein überbreites Waschbecken mit zwei separaten, an der Wand montierten Wasserhähnen die gleiche Funktion.

RECHTS In diesem großen Familienbad ist auch Platz für die Waschmaschine. Die halb hohe, gestrichene Täfelung ist praktisch und pflegeleicht, außerdem zieht die Querteilung die hohe Decke optisch herab. An zwei Wänden wurde eine niedrige Bank eingebaut.

LINKS In großen Badewannen wie diesem Modell mit zwei abgerundeten Enden kann man auch bequem gemeinsam baden.

UNTEN Durch den glänzenden, weißen Anstrich der Bodendielen und der Wannenverkleidung wirkt dieses Bad sehr luftig. Auf dem überlangen Sockel der Wanne kann ein Erwachsener sitzen und badende Kinder beaufsichtigen.

RECHTS Ein Familienbad mit einer gelungen Materialkombination: Holzbadewanne, Schieferboden und Keramikwaschbecken auf einer Holzkonsole. Der Heizkörper dient zugleich als Handtuchhalter.

Aufteilung und Einrichtung

Ein Familienbad, das viel aushalten und verschiedenen Altersgruppen gerecht werden muss, sollte möglichst unkompliziert gestaltet sein. Bei der Aufteilung und bei der Auswahl der Sanitärobjekte und Armaturen stehen Funktion und Sicherheit im Vordergrund. Oft ist es sinnvoll, bei der Einrichtung von der Badewanne auszugehen. Mindestens an einer Längsseite muss etwas mehr Freiraum eingeplant werden, damit man bequem knien oder sich bücken kann, um kleinen Kindern zu helfen. Wählen Sie eine möglichst große Wanne. Ovale Modelle und Eckbadewannen sind meist geräumiger als Standardmodelle. Für Eltern ist es angenehm, dass kleinere Kinder gern gemeinsam baden. Zu tief sollte die Wanne allerdings nicht sein. Wer sich regelmäßig tief bücken muss, um Kinder zu baden oder ihnen aus der Wanne zu helfen, riskiert Rückenschmerzen. Große oder doppelte Duschen sind ebenfalls praktisch.

Wenn Sie mit einer topmodernen Edelstahl- oder Glaswanne liebäugeln, bedenken Sie, dass diese Materialien viel Pflege brauchen, um makellos auszusehen – und gerade Kinder spritzen und kleckern im Bad gern herum. Weiße Sanitärobjekte aus Acryl oder Keramik sind leichter zu reinigen. Alle Kanten sollten abgerundet sein. Armaturen mit Thermostatregler sind praktisch, um Verbrühungen zu vermeiden.

Ein Vorteil eines geräumigen Familienbadezimmers ist, dass mehr Sanitärobjekte Platz finden. Dadurch lassen sich Stauungen während der morgendlichen und abendlichen Stoßzeiten leichter vermeiden. An einem Doppelwaschtisch können sich zwei Kinder gleichzeitig die Zähne putzen, auch eine separate Dusche neben der Wanne kann Entlastung schaffen. Wer keine zusätzlichen Elemente im Bad unterbringen kann, sollte über Waschbecken in den Kinderzimmern oder eine zusätzliche Dusche in der Waschküche oder im Hauswirtschaftsraum nachdenken.

Im Familienbadezimmer darf auch die Waschmaschine ihren Platz haben. Es erleichtert den Alltag und spart viele Wege zwischen Schmutzwäschekorb und Hauswirtschaftsraum, wenn die matschigen Fußballklamotten direkt vor der Badewanne ausgezogen werden und schnurstracks in die Waschmaschine wandern können.

Den Trockner kann man auf die Waschmaschine stellen, sodass ein ordentlicher, hoher Turm entsteht, oder eine

kompakte Wasch-Trockner-Kombination wählen. Für Steck-dosen in Feuchträumen gelten besondere Vorschriften, des-halb sollten Sie sie immer von einem qualifizierten Elektriker verlegen lassen.

Wer je den Waschraum eines Kindergartens oder einer Vorschule betreten und die Waschbecken und Toiletten im Zwergenformat bestaunt hat, versteht, dass Waschbecken und Toiletten in Standardgröße für kleine Kinder schlicht zu hoch sind. Es gibt höhenverstellbare Waschbecken, die speziell für körperbehinderte Personen konzipiert und sehr teuer sind. Viel einfacher ist es, für kleine Kinder einen Hocker bereit zu stellen. Eine Alternative ist eine fest ein-gebaute Stufe, die als Sitzgelegenheit oder Stauraum ge-nutzt werden könnte.

Gestaltung und Dekoration

Für kleine Kinder ist das Baden eine Art Wassersport im Haus. Schon darum ist es wichtig, dass alle Oberflächen wasserfest und pflegeleicht sind. Außerdem sollten sie möglichst rutschfest sein. Profilbretter, Fliesen oder Mosaikfliesen eignen sich gut als Wandverkleidung, für den Fußboden empfehlen sich Linoleum, Vinyl, Kork oder Gummi. Glänzende, reflektierende Flächen wie Glas, Metall und große Spiegel verursachen nur unnötigen Pflegeauf-wand. Selbst wenn die Kinder dem Planschalter entwach-sen, ist das Familienbad ein Gemeinschaftsraum, der mehr Pflege verlangt als ein Bad, das nur eine Person benutzt. Machen Sie es sich leicht und vermeiden Sie rein dekorative Details und erhabene Konturen, an denen sich Schmutz festsetzen kann.

Widerstehen Sie auch der Versuchung, eine kindliche Themendekoration für das Bad zu wählen, die sich nicht schnell und preiswert verändern lässt. Leuchtende Farben heben die Stimmung, einen witzigen Duschvorhang bei-spielsweise kann man später für wenig Geld ersetzen. Rich-tet man aber das Bad im Disney-Stil ein und kauft womöglich Armaturen in Form von Mauseohren oder spaßige Toiletten-sitze, riskiert man, dass sich der Witz bald überholt.

Stauraum

Reibungslose Abläufe im Familienbad haben viel mit adäquatem Stauraum zu tun. Das bedeutet nicht nur, dass jeder einen Platz für seine Zahnbürste haben muss. Auch andere Utensilien, Produkte und Accessoires brauchen viel Platz. Für kleine Kinder gehört Wannenspielzeug einfach zum Badespaß. Ein Plastiknetz mit Zugschnur ist ein praktisches Behältnis, in dem es leicht abtropfen kann. Auch ein breiter Wannenrand bietet sich als Abstellfläche an. Daneben brauchen Sie ein abschließbares Fach für Bleiche, Sanitärreiniger und ähnliche Produkte. Der Medikamentenschrank muss außerhalb der Reichweite von Kindern angebracht und stets verschlossen sein. Auch der Verbandskasten wird außerhalb der Reichweite kleiner Hände verstaut, sollte für Erwachsene aber leicht erreichbar und im Notfall schnell zu öffnen sein.

Wenn Kinder größer werden, nehmen allerlei Körperpflegeprodukte den Platz der Gummienten und U-Boote ein. Shampoos, Körpermilch, Peelings und dergleichen neigt ebenso wie Cornflakes zur flächendeckenden Verteilung. Viel wird ausprobiert, aber nur wenig aufgebraucht. Bestehen Sie darauf, dass regelmäßig aussortiert wird.

OBEN LINKS In Einbauschränken sind Handtücher und Accessoires schnell zur Hand. Das »Rote Kreuz« ist ein witziger Farbtupfer.
OBEN RECHTS Alessi-Accessoires, darunter eine Toilettenbürste in Blumentopf-Form, wirken zusammen mit den rosa Mosaikfliesen und den transparent-grünen Rollcontainern fröhlich und verspielt. **GEGENÜBER OBEN** Ein kleiner Hocker oder Kinderstuhl erleichtert das Händewaschen. Aufgerollte Handtücher liegen in einem Korb griffbereit. Profilbretter sind eine praktische Wandverkleidung. **LINKS** Der Boden in Familienbädern und Nassräumen sollte möglichst rutschfest sein. Matte Keramikfliesen sind günstiger als glänzend glasierte.

RECHTS Der Duschraum ist ganz mit hellblauem Mosaik gefliest, der Ablauf liegt direkt im Boden.

UNTEN Ein Bad mit Platz für Waschmaschine und Kleidung macht den Familienalltag einfacher. Schmutzige Wäsche wandert direkt in die Waschmaschine und nach dem Trocknen gleich wieder in den Schrank.

UNTEN RECHTS In dem großen Waschbecken kann man auch empfindliche Wäschestücke von Hand waschen. Mit den griffigen Reglern kommen kleine Hände gut zurecht.

Zum Beispiel **Ein Familienbad**

Für eine dänische Familie ergab sich bei der umfassenden Renovierung des Kellers die Möglichkeit zum Einbau eines großen Badezimmers. Sie beauftragte eine Architektenfirma mit dem Entwurf eines Familienbadezimmers, in dem man die Kinder in der Wanne beaufsichtigen und nebenbei die Wäsche erledigen kann. Zwei Kellerräume wurden zusammengelegt, um ein geräumiges und funktionales Bad zu schaffen. Im größeren Teil (17 Qudratmeter) sind Badewanne, Waschmaschine und Trockner an einer Wand aufgereiht. Es ist reichlich Schrankraum vorhanden, der aber wegen der Milchglastüren sehr dezent wirkt. Der kleinere Raum (6,5 Quadratmeter), zugänglich durch eine Milchglas-Schiebetür, ist wie ein Nassraum gestaltet und hat an einer Wand eine offene Doppeldusche. Das Ergebnis ist absolut zweckmäßig, schlicht und sehr attraktiv.

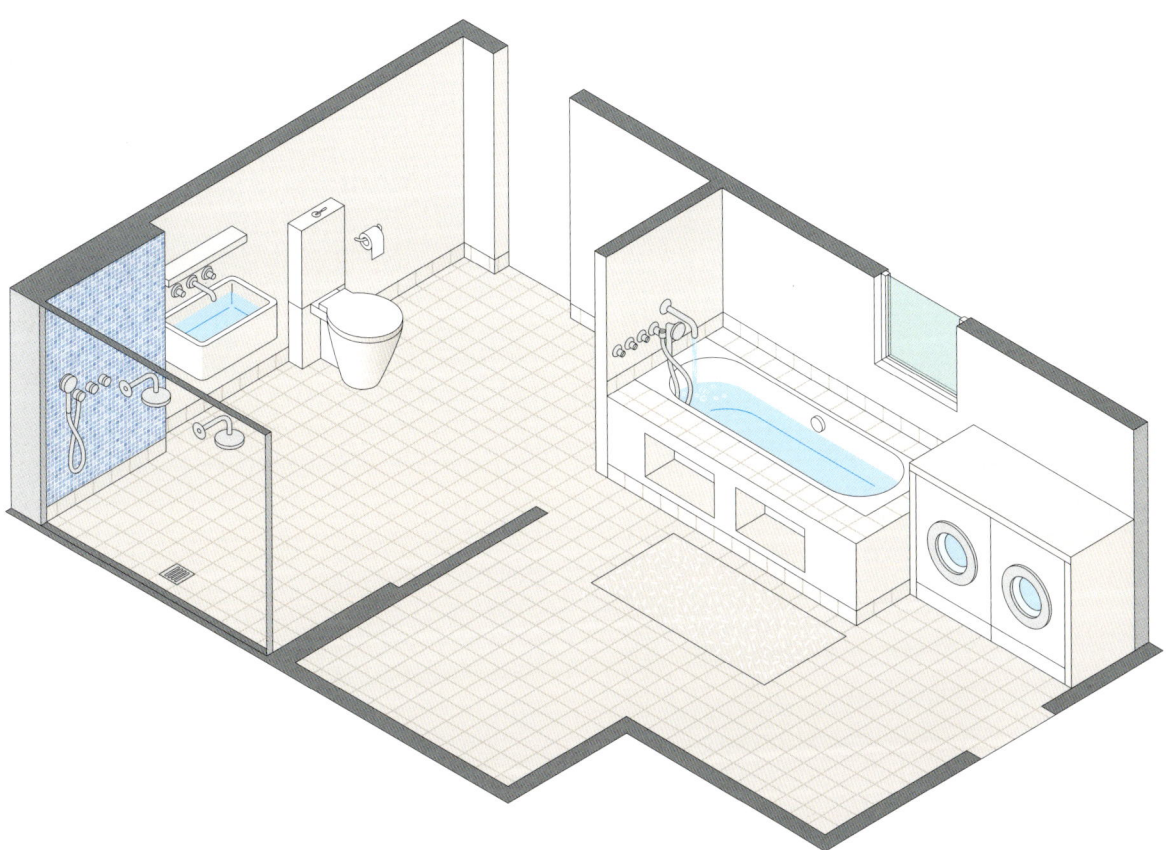

OBEN Zwischen den beiden Räumen liegt eine Schiebetür aus Milchglas.

RECHTS Eine große Wanne ist gut zum gemeinsamen Baden. Die breite Verkleidung ist mit den gleichen Fliesen belegt wie der Fußboden. Seitlich wurden breite Nischen eingebaut, in denen Badematten, Handtücher und andere Utensilien verstaut werden. Wandarmaturen halten die Umgebung der Wanne frei und übersichtlich.

LINKS Der Boden, den eine Fußbodenheizung wärmt, ist durchgehend mit cremefarbenen Keramikfliesen ausgelegt. Die verputzten Wände sind mit einer speziellen Badezimmerfarbe gestrichen, die auch hohe Luftfeuchtigkeit verträgt. Praktisch sind die Haken neben der Wanne.

LINKS Badewannen kann man in Nischen schieben, die keine Stehhöhe und Bewegungsfreiheit bieten. Diese Wanne und die dahinter liegende Wand sind mit blau geädertem Sandstein verkleidet. Der edle Heizkörper macht sich an der Wand ganz schlank.

UNTEN Bei diesem Waschplatz in einer Nische eines Gästezimmers wurde ein eckiges Keramikbecken in einen Holzschrank eingelassen. Marmorstreifen dienen als Spritzschutz.

RECHTS Die geometrischen Winkel und Flächen dieses kleinen Badezimmers wurden durch lebhafte Farben betont: Gelb hinter dem Waschbecken, schwarze Keramikfliesen auf dem Boden und in der Dusche. Eine Milchglasscheibe dient als Duschabtrennung, ohne die Dusche optisch zu beengen.

UNGÜNSTIGE RÄUME

Manchmal steht zum Einbau eines Badezimmers
nur ein ungünstig geschnittener Raum zur Verfügung.

Schräge Wände, ein Stützpfeiler oder ein tragender Balken – solche Elemente können beim Entwickeln einer zweckmäßigen Aufteilung Kopfzerbrechen bereiten.

In ungünstig geschnittenen Räumen ähnelt das Unterbringen aller nötigen Elemente manchmal einem dreidimensionalen Puzzle. Am besten geht man die Lösung aus zwei Richtungen an. Zunächst muss der Raum genau analysiert werden, um eventuelle Nachteile zu neutralisieren oder sogar in Vorteile zu verwandeln. Zweitens werden Sie entdecken, dass es viele Wannen, Waschbecken und Toiletten in Sondergrößen gibt, die auch mit schwierigsten Räumen fertig werden.

Ungewöhnliche Räume erschweren nicht nur die zweckmäßige Aufteilung und Einrichtung, sie können auch merkwürdig aussehen. Wir empfinden regelmäßige Formen als angenehm und unkompliziert, asymmetrische und verwinkelte jedoch nicht. Zum Glück gibt es eine Reihe von Möglichkeiten, solche Defizite auszugleichen oder kurzerhand von ihnen abzulenken.

OBEN Hier wurde der verschenkte Platz unter der Treppe für einen Waschtisch genutzt. Der offene untere Teil der Treppe lässt genügend Licht durch.

RECHTS Es gibt Sanitärobjekte für den Eckeinbau, alternativ kann man Schränke nach Maß einbauen lassen. In der vorgezogenen Holzwand ist der Spülkasten des Stand-WC integriert, daneben sind Stau-raum und das Waschbecken eingebaut.

GANZ RECHTS Nicht überall im Bad braucht man Stehhöhe, aber am Waschbecken muss man sich aufrichten können, ohne sich den Kopf zu stoßen. Hier wurde das Waschbecken unter dem Dachschrägen-fenster eingebaut. An der Seitenwand der Nische ist ein Rasierspiegel mit Scherenarm angebracht.

Schräge Wände

In einem Bad unter der Dachschräge, etwa auf dem ausgebauten Dachboden, kann man Bodenfläche nutzen, die sonst wegen fehlender Stehhöhe verschenkt wäre. Eine Wanne kann durchaus unter der Schräge eingebaut werden, solange im Einstiegsbereich die Deckenhöhe ausreicht. Bei einer Toilette ist ebenfalls nur die Stehhöhe davor wesentlich. Ein Gaubenfenster, wo sowohl Tageslicht als auch ausreichende Höhe vorhanden sind, ist der ideale Platz für ein Waschbecken.

Eine versenkte Wanne ist eine weitere Lösung, wenn die Deckenhöhe nicht ausreicht. Soll sie aber im Boden versenkt werden und nicht in ein Podest eingebaut werden, sind Eingriffe in die Bausubstanz nötig. Schließlich wollen Sie nicht unversehens samt Wasser, Schaum und Wanne im darunter liegenden Stockwerk landen. Ein Statiker muss prüfen, ob die Tragfähigkeit des Bodens für eine gefüllte Badewanne ausreichen kann. Dazu muss das Gewicht über den ganzen Badezimmerfußboden bis zur tragenden Wand (meist Außenwand) verteilt werden. In vielen Fällen muss die Balkenlage verstärkt werden, um diese Belastung zu verkraften.

Niedrige Decken und oder schräge Wände können beengend wirken. Strahlt man sie von unten an, sodass sie das Licht reflektieren, wird dieser Effekt gemildert.

Ecken und Winkel

Bereiche, in denen Wände nicht im rechten Winkel zusammentreffen oder in denen tragende Pfeiler oder Balken vorhanden sind, erschweren die Raumgestaltung. In einem großen Raum könnte man kurzerhand vor den vorhandenen Mauern falsche Wände einziehen, um in einem unregelmäßigen einen regelmäßigen oder sogar runden Raum zu schaffen. Dabei geht zwar Bodenfläche verloren, doch das Ergebnis kann den Verlust durchaus rechtfertigen. Außerdem bietet diese Lösung die Möglichkeit, Spülkasten und Rohre zu verstecken und praktischen Stauraum zu integrieren.

Lassen sich ungünstige Ecken gar nicht vermeiden, könnten Sie spezielle Sanitärobjekte wählen. Neben Eckwaschbecken und -badewannen sind auch Toiletten zum

Einbau in Ecken erhältlich, doch muss dabei auf ausreichende Beinfreiheit an den Seiten geachtet werden. Für manche Ecktoiletten gibt es spezielle Sitze, die schräg montiert werden können, um dadurch die nötige Beinfreiheit zu gewinnen. Auch eine Kombination aus Wanne und Duschkabine kann eine praktische Lösung für eine Ecke sein.

Eine geschickte Aufteilung und spezielle Sanitärobjekte sind nicht die einzigen Kunstgriffe in Problemräumen. Auch die Dekoration kann von unansehnlichen Ecken und Winkeln ablenken. Ist ein Bad weiß oder einfarbig gestrichen, getäfelt oder gefliest, fällt ein unregelmäßiger Zuschnitt weniger auf, als wenn die verschiedenen Flächen durch Kontrastfarben betont werden.

Lange, schmale Räume

In schmalen Bädern, die beispielsweise in einem ehemaligen Flur eingerichtet wurden, ist es meist die beste Lösung, die Sanitärobjekte an einer Wand aufzureihen. So bleiben alle Elemente bequem erreichbar und man vermeidet, sich am Waschbecken vorbei zwängen zu müssen, um in die Badewanne zu steigen. Der Vorteil einer solchen linearen Anordnung ist, dass auch die Installation erheblich vereinfacht wird, weniger Kosten verursacht werden und alles ordentlicher aussieht. Wenn das Bad ein enger Schlauch ist, könnten Sie sich für extra-schmale Sanitärobjekte entscheiden, sofern dadurch die praktische Nutzbarkeit nicht eingeschränkt wird.

Sind alle Sanitärobjekte an einer Wand aufgereiht, sollte man für eine gewisse Abtrennung zwischen Toilette einerseits und Wanne und Waschbecken andererseits sorgen. Eine halb hohe Trennwand schafft die nötige physische und psychologische Distanz, ohne den Raum zu verdunkeln oder optisch zu beengen. An der Wand aufgehängte WCs, Waschbecken und Bidets lassen den Raum größer wirken, weil der Boden sichtbar bleibt.

Eine ins Bad schlagende Tür kann in einem schmalen Bad ebenfalls beengend wirken. Um Abhilfe zu schaffen, könnten Sie die Tür umhängen, sodass sie in die andere Richtung schlägt, oder sie durch eine Schiebetür ersetzen. An der Wand, die den Sanitärobjekten gegenüberliegt, bleibt genug Platz für eine niedrige, schmale Bank mit integriertem Stauraum darunter und einer Reihe Haken darüber. Um das Bad optisch zu verbreitern, könnten Sie an einer oder beiden Wänden große Spiegel anbringen.

Schmale Räume wirken oft unproportional hoch, vor allem wenn sie von einem größeren Raum abgeteilt wurden. In diesem Fall bietet es sich an, die Decke abzuhängen, um die Proportionen zu korrigieren und gleich versenkte Lampen zu installieren. Große, quadratische Bodenfliesen lassen den Raum ebenfalls breiter wirken.

OBEN Verschiedene Ebenen können die Schlauchwirkung schmaler Räume auflockern. Hinter der in ein Podest eingelassenen Wanne liegt die Dusche mit einer schmalen Trennwand. Durch die konsequent einfarbige Gestaltung wirkt der Raum weniger beengt. RECHTS In diesem sehr schmalen Bad sorgen die rauen, indigoblauen Wände für einen ruhigen Hintergrund. Waschbecken und Toilette sind an einer Wand montiert, das runde Waschbecken ist in einen schmalen Einbauschrank integriert. Am Ende befindet sich die versenkte Wanne mit Dusche.

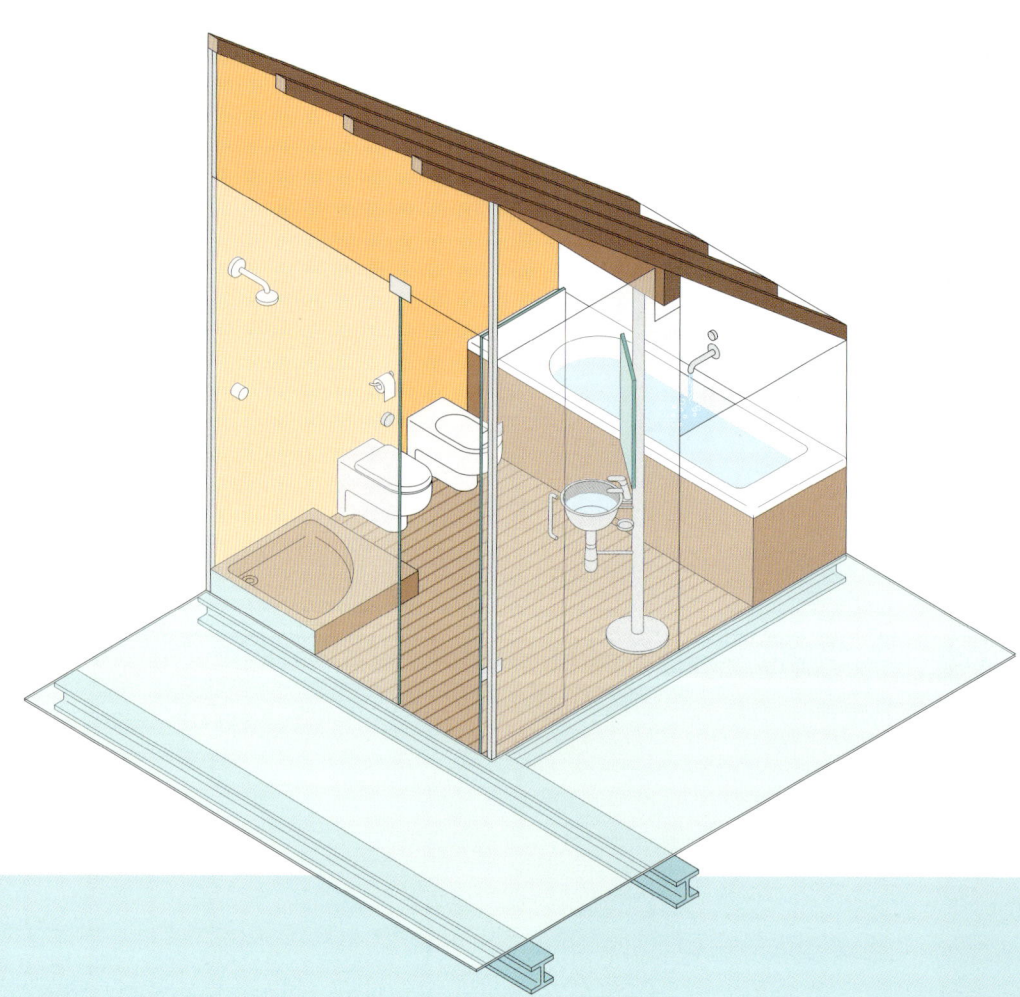

RECHTS Die mit Holz verkleidete Badewanne mit Sprudeldüsen ist unter der Dachschräge installiert, wo keine Stehhöhe vorhanden ist. An der massiven Wand sind Toilette und Bidet aufgehängt, die Dusche mit der nach Maß gefertigten Wanne nimmt die Ecke daneben ein. Der Fußboden im Bad besteht aus Teakholz, das ausgesprochen wasserfest ist. Für ein Bad, in dem der Boden leicht nass wird, wäre Glas viel zu rutschig.

Zum Beispiel **Ein ungünstiger Raum**

Dieses kleine Haus im Zentrum von Mailand wurde im Loft-Stil umgebaut. Um einen großen, offenen Raum zu schaffen, wurden sämtliche Wände und Decken entfernt.

Im Erdgeschoss gehen Küche, Essplatz und Wohnbereich nahtlos ineinander über. Darüber wurde unter der Dachschräge eine Galerie eingerichtet, die gerade groß genug für Schlafbereich und Bad ist.

Der großzügige Umgang mit Glas sorgt dafür, dass das Haus weitläufig wirkt und von Licht durchflutet ist. Transparentes und satiniertes Glas grenzen das Bad ab, besonders spektakulär ist aber der 25 Quadratmeter große Glasfußboden des Schlafbereichs. Der minimalistische Effekt mit den Durchblicken in alle Richtungen wirkt besonders faszinierend, weil der Schlafbereich buchstäblich in der Luft zu schweben scheint.

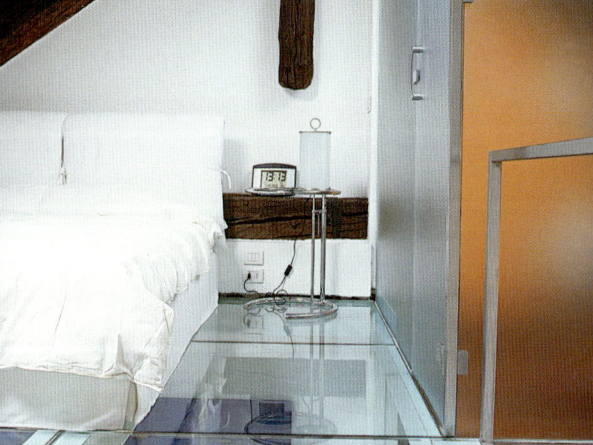

LINKS UND OBEN Gehärtetes Spezialglas ist stabil genug für einen Fußboden. Es wird von Stahlträgern gehalten und vermittelt das Gefühl, in der Luft zu schweben. Für die Abgrenzung des Badezimmers wurden zwei Arten von Glas verwendet: Satiniertes Glas bis in Kopfhöhe schützt vor Einblicken, darüber bestehen die Wände aus Klarglas. Zwischen die Balken der Dachschräge wurde ein Oberlicht eingebaut. Die massive Wand hinter Dusche, WC und Bidet wurde mit einer wasserfesten Farbe in warmem Orange gestrichen und zusätzlich klar lackiert.

GANZ LINKS Weil wenig nutzbare Wandfläche vorhanden ist, wurde das Waschbecken an einer Säule montiert, in der die Rohre verlaufen.

KLEINE BÄDER

Obwohl viele Menschen von einem großen Bad träumen und der Trend
zu größeren Bädern geht, sind die meisten Badezimmer doch noch recht klein.

Selbst wenn das Bad der kleinste Raum im Haus ist, muss
es nicht beengt wirken. Kleine Bäder können sehr funktional
und ausgesprochen attraktiv sein, wenn Einrichtung und
Gestaltung gut durchdacht sind.

Ist das Bad nicht nur klein, sondern winzig, sollten Sie
akzeptieren, dass man nicht alles haben kann. Nehmen Sie
sich Zeit, Ihre Bedürfnisse und Vorlieben zu überdenken. Die
Bedarfsanalyse ist ein wichtiger Schritt der Planungsphase,
das gilt besonders für kleine Räume. Auf welche Sanitärobjekte und sonstigen Elemente könnten Sie verzichten?
Ein Doppelwaschtisch erübrigt sich, wenn der Platz nur für
ein Waschbecken reicht. Ein Bidet steht außer Frage, wenn
es schon schwierig ist, die Toilette unterzubringen. Eine
Dusche nimmt weniger Platz ein als eine Badewanne – aber
nur weil ein Bad klein ist, muss man nicht zwingend auf die
Wanne verzichten. Wer lieber badet als duscht und wer das
tägliche, heiße Bad zur Entspannung braucht, sollte seinem
Bedürfnis den nötigen Raum zubilligen. Sie sollten auch
bedenken, dass sich der Austausch einer Dusche durch eine
Badewanne günstig auf den Wiederverkaufswert des Hauses auswirken kann. Zudem spricht nichts dagegen, über
der Badewanne eine Dusche zu installieren.

Mit geschickter Planung und kompakten Einrichtungs-
elementen lässt sich der vorhandene Platz gut nutzen.
Wichtig ist aber auch eine Gestaltung, die den Raum nicht
beengt, sondern weit wirken lässt. Wenn man die richtigen
Gestaltungsstrategien anwendet, gibt es keinen Grund,
warum ein kleines Bad Klaustrophobie verursachen sollte.

Aufteilung und Einrichtung

Wer ein kleines Badezimmer einrichtet, sollte zuerst überlegen, ob es möglich ist, die Bodenfläche zu vergrößern –
und sei es nur um einen schmalen Streifen. Selbst wenige
Zentimeter können über den Unterschied zwischen Enge
und Benutzerfreundlichkeit entscheiden. Trennwände lassen
sich oft ohne großen Aufwand in einen benachbarten Raum
verschieben, manchmal kann man auch einen Wandschrank
ins Bad integrieren.

Lässt sich die Bodenfläche nicht verändern, könnte man
versuchen, die nutzbare Wandfläche zu maximieren. Sind
zwei Fenster vorhanden, könnte man eines zumauern, um
Platz für eine Dusche oder einen heizbaren Handtuchhalter
zu gewinnen. Eine Tür, die nach innen schlägt, kann man
umhängen oder durch eine Schiebetür ersetzen. Duschkabinen mit Schiebe- oder Falttüren nehmen ebenfalls wenig
Platz ein.

Viele Hersteller bieten spezielle Sanitärobjekte für kleine
Bäder an. Darunter findet man allerlei verkleinerte Versionen von Standardmodellen und Objekte in pfiffigen Formen,
die besonders wenig Platz einnehmen. Sehen Sie sich vor
dem Kauf gründlich um. Man möchte meinen, dass schon
der gesunde Menschenverstand vorgibt, in einem kleinen
Bad die Badewanne an der längsten Wand zu installieren.
Vielleicht scheint es wirklich keine andere Möglichkeit zu
geben. Es werden aber kurze, breite Wannen angeboten,
die sich zum Fußende hin verjüngen. Solche Wannen könnten an eine schmalere Wand passen, sodass mehr Fläche

OBEN Zierliche, an der Wand montierte Waschbecken und Wandwasserhähne sind ideal für kleine Bäder. **RECHTS** Dieses kleine Bad in einem
Bauernhaus in der Toskana wirkt geräumig, weil die Bodenfläche nicht durch die Seitenwand der Wanne unterbrochen wird. Stattdessen
wurde die Wanne im einheitlich hellgrau gefliesten Mosaikboden versenkt.

OBEN Die in der Mitte drehbare Tür der Duschkabine nimmt weniger Platz ein als eine Tür mit seitlichen Scharnieren.
LINKS Der individuell angefertigte Einbauschrank nutzt jeden Millimeter und schafft Ordnung im kleinen Bad. Selbst WC und ein Heizkörper wurden in den Einbau integriert. Hübsche Accessoires sind in den offenen Fächern sichtbar, der flache Waschbeckenunterschrank ist groß genug für den Alltagsbedarf.
RECHTS Eine durchbrochene Teakholzplatte wird auf die versenkte Wanne gelegt und dient als Standfläche unter der Dusche.
GANZ RECHTS Das WC ist hinter einer Trennwand versteckt, durch deren schmale Öffnung Licht fällt. Auch die Wannenarmaturen sind an dieser Wand montiert.

für andere Elemente frei bleibt. Diese keilförmigen Wannen sind mit rechtsseitiger und linksseitiger Schrägung erhältlich. Auch Eckbadewannen und Duschkabinen können in kleinen Bädern praktisch sein.

Weil nun einmal der Mensch selbst eine feste Größe ist, kann man die Badezimmereinrichtung nicht beliebig verkleinern, ohne dass Bequemlichkeit und Funktion leiden. Wer groß ist, kann sich in einer kurzen Wanne nicht ausstrecken, und eine Sitzbadewanne ist auch nicht jedermanns Geschmack. Ich persönlich mag lieber baden als duschen. Einmal kam ich in einem Hotel an, freute mich auf ein entspannendes Bad und fand nur eine Sitzbadewanne vor. Weil ich aber unbedingt ganz eintauchen wollte, setzte ich mich falsch herum hinein – und blieb stecken.

Ein kleines Waschbecken ist weniger problematisch als eine kleine Badewanne. Ist es in einen Waschtisch eingelassen, auf dem man Seife und dergleichen ablegen kann, ist auch ein Spiegelbord überflüssig – an dem man sich ohnehin leicht den Kopf stößt, wenn man sich über das Waschbecken beugt. Manchmal bringt aber nicht die Größe, sondern die Form die richtige Lösung. Soll das Waschbecken nicht halb über der Wanne hängen, kann es genügen, statt eines ovalen Modells ein rundes zu wählen.

An der Wand hängende Waschbecken, WCs und Bidets sind in kleinen Bädern sinnvoll, weil sie Bodenfläche frei lassen. Wichtig ist aber, dass die Wand das Gewicht auch tragen kann. Bei wandhängenden Toiletten ist der Spülkasten meist hinter einer falschen Wand versteckt, die glatt und ordentlich aussieht und sich zum Einbau von Regalen oder Schränken anbietet. Waschbecken und Badewannen mit

beleuchteten Kunststoff-Innenwänden sehen besonders leicht aus, weil sie in der Luft zu schweben scheinen. Auch Glaselemente wirken sehr leicht. Duschkabinen mit Glastüren lassen Licht durch und sind recht dezent, noch unauffälliger sind völlig rahmenlose Duschabtrennungen.

Auch eine Fußbodenheizung spart Platz. Alternativ empfehlen sich heizbare Handtuchhalter zur Wandmontage. Wasserhähne, die an der Wand angebracht sind, wirken schlicht und übersichtlich, Einhebelmischer nehmen weniger Platz ein als getrennte Warm- und Kaltwasserhähne. Gerade in kleinen Räumen ist eine gute Lüftung wichtig, damit Feuchtigkeit und Gerüche abziehen können. Ein Ventilator, der über den Lichtschalter betätigt wird, ist eine praktische Lösung.

Design und Gestaltung

Grundsätzlich wirken kleine Räume größer, wenn die Gestaltung schlicht und gut aufeinander abgestimmt ist. Das heißt nicht, dass ein Bad weiß sein muss. Allerdings sehen einfarbig oder Ton in Ton gestaltete Räume oft besser aus. Fliesen oder täfeln Sie lieber die gesamten Wände, statt die kleinen Flächen unnötig zu unterbrechen. Bereiche, in denen verschiedene Materialien zusammentreffen, fallen immer ins Auge, und besonders in einem kleinen Bad kommt es darauf an, dass sie sauber gearbeitet sind. Spiegel sind natürlich ein bewährtes Mittel, um kleine Räume optisch zu vergrößern. Ein großer Spiegel gegenüber einem Fenster oder zwei Spiegelflächen an gegenüberliegenden Wänden reflektieren viel Licht und machen den Raum heller. Auch Strahler oder kleine, versenkte Lampen am äußeren Rand der Decke lassen das Bad breiter und höher wirken.

In engen Räumen ist Unordnung äußerst lästig. Nutzen Sie jede Möglichkeit, eingebauten Stauraum zu schaffen, damit nur das unbedingt Notwendige offen herumstehen muss. Frei stehende Regale und Schränke brauchen relativ viel Platz. Flache Einbauten oder spezielle Unterschränke wirken dezenter und fassen eine Menge Utensilien – vom WC-Reiniger und anderen praktischen Notwendigkeiten bis zu Handtüchern. Wenn das Bad sehr klein ist, bietet die Rückseite der Tür immer noch genug Platz für eine Stange oder einige Haken.

OBEN Reflektierende Flächen verstärken das Licht. Weiße Wände, ein Spiegel über dem Waschbecken und die glänzende Metalloberfläche des Waschbecken-Unterschranks lassen den kleinen Raum luftig und hell wirken.

RECHTS Spiegel duplizieren die Aussicht und sind ideal, um darüber hinwegzutäuschen, wie klein ein Raum ist. Hier reflektiert der Spiegelstreifen hinter der Dusche und der Wanne den Blick in den Garten. Gläserne Trennwände behindern den Lichteinfall nicht.

LINKS Schlichte Details reduzieren die optische Unruhe. Die Dusche mit Ablauf im Boden ist mit blauem Mosaik gefliest und durch eine unauffällige, rahmenlose Glaswand abgetrennt.

LINKS In diesem edlen
Gäste-WC sind Toilette und
Waschbecken an der Wand
aufgehängt.
RECHTS Die einheitliche Holztäfelung im Gäste-WC unter
der Treppe lenkt von den
Schrägen ab.
UNTEN Im Gäste-WC darf
die Dekoration ruhig etwas
skurril sein.

Das Gäste-WC

Das Gäste-WC ist nicht nur der allerkleinste Raum der
Wohnung, sondern wird oft auch in eine Ecke gezwängt, die
besonders schwierig einzurichten ist. Im Erdgeschoss ist
der Bereich unter der Treppe ein beliebter Platz für die
Toilette. Mit modernen, kompakten Sanitärobjekten ist es
nicht schwierig, selbst eine ehemalige Besenkammer für
diesen Zweck zu nutzen. Ein kleines Wand-WC samt Wandwaschbecken und Heizkörper oder heizbarem Handtuchhalter reicht für die kurzen Besuche normalerweise aus. Viele
Menschen haben Spaß daran, das Gäste-WC mit originellen
Elementen auszustatten, die für andere Räume ungeeignet
wären. Ein kleines Glaswaschbecken, das im Familienbad
unpraktisch wäre, ist nur ein Beispiel.

Auch bei der Dekoration des Gäste-WCs haben witzige
und skurrile Dinge Tradition, ob es sich nun um gerahmte
Cartoons, alte Schulfotos oder kunterbunt gemixte Colla-
gen handelt. Ein bisschen Humor ist gewiss kein Fehler,
schmutzige Stiefel und anderen Krimskrams sollten Sie aber
woanders aufbewahren. Ein Gäste-WC in der ehemaligen
Besenkammer ist die eine Sache. Ein Gäste-WC, das wie
eine Besenkammer wirkt, eine ganz andere.

Zum Beispiel **Das kleine Bad**

Klare Linien und pfiffige Detaillösungen sind das Geheimnis des kleinen Gästebadezimmers im obersten Geschoss eines neu gebauten Hauses in London. Obwohl das Bad nur 1,3 x 4 Meter groß ist, wirkt es ruhig und geräumig. Wie in den übrigen Räumen des Hauses bestimmen matte, neutrale Farben und sanftes, diffuses Licht die Atmosphäre.

Die nach Kundenvorgaben gebaute Wanne mit Dusche ist von der abgeschrägten Rückwand bis zur Glasfront 2 Meter breit und somit groß genug für zwei Personen. Die matten Keramikfliesen, die den Wannenboden bedecken, setzen sich auf dem Badezimmerfußboden fort, sodass ein einheitliches Bild entsteht. Waschbecken und Toilette sind Wandhänger, die keine Bodenfläche einnehmen. Weil Unordnung in kleinen Räumen stört, wurde hinter den Spiegelflächen Schrankraum eingebaut. Unter dem Keramikwaschbecken befindet sich ein Kasten mit Edelstahlverkleidung, der Rohre und Anschlüsse versteckt.

OBEN UND LINKS Die Wände des Bades sind mit wasserfestem Verputz bedeckt, unter dem sich eine ebenfalls wasserfeste Fiberglasschicht befindet. Die sanfte, matte Oberfläche harmoniert gut mit den unglasierten Fliesen, die für Wanne und Fußboden verwendet wurden. Die Front der Wanne besteht aus einer Platte aus Sicherheitsglas, die in Nuten in Wänden und Boden eingelassen ist. Die Nähte sind mit einem hoch wasserfesten Material versiegelt, das man in der Aquaristik verwendet.

LINKS UND UNTEN Das Bad liegt im obersten Stockwerk des Hauses und grenzt an eine Dachterrasse. Das doppelt verglaste, satinierte Fenster hat einen verzinkten Stahlrahmen. Weil die Wanne so groß ist, konnte auf eine Duschabtrennung verzichtet werden, was für den kleinen Raum ein beträchtlicher Gewinn ist.

LINKS In diesem Raum sind
die Flächen wasserdicht mit
weißen Keramikfliesen und
farbigem Mosaik verkleidet.
Der Duschkopf ist direkt
an der Decke montiert, in
die Wannenverkleidung ist
ein Sitz integriert.
RECHTS Selbst kleine Nassräume wirken oft geräumig,
weil kaum Inventar nötig
ist. Das Foto zeigt ein edles
Modell ganz in weißem
Mosaik.

NASSRÄUME

Ein Nassraum ist die konsequente Weiterentwicklung der Dusche
ohne Duschwanne, deren Abfluss direkt in den Boden eingelassen ist.

Wenngleich es eine gewisse Grauzone zwischen der boden-ebenen Dusche und dem Nassraum gibt, ist ein Nassraum streng genommen ein komplett abgedichteter Raum, des-sen Wände die einzige Begrenzung der Dusche bilden. In einem typischen Nassraum findet man auch eine Toilette und ein Waschbecken, selbst eine Badewanne kann integ-riert werden. Eine müde tröpfelnde Dusche ist im Nass-raum fehl am Platz – wo sonst könnte man nach Herzens-lust unter einer kräftigen Massagedusche spritzen, wenn nicht hier.

Es gibt verschiedene Gründe dafür, dass die Beliebtheit von Nassräumen in den letzten Jahren beträchtlich zuge-nommen hat. Geschwindigkeit ist sicherlich einer davon. Für

Menschen, die Körperpflege gern zügig und unkompliziert angehen, ist er die richtige Lösung, ganz zu schweigen da-von, dass auch das Putzen im Handumdrehen erledigt ist. Der Platzfaktor spielt ebenfalls eine Rolle: Gerade in kleinen und ungünstig geschnittenen Räumen ist dieses Konzept praktisch, weil kaum Elemente vorhanden sind, die Boden-fläche einnehmen. Wer ein kleines Bad hat, das regelmäßig nach dem Aufdrehen der Massagedusche unter Wasser steht, sollte ebenfalls einmal über einen Nassraum nach-denken. Selbst die unbekümmerte Zwanglosigkeit, mit der man im Nassraum mit dem Wasser umgehen kann, hat beträchtlichen Reiz. Hier gibt es weder enge Duschkabi-nen, in die man sich zwängen muss, noch Duschvorhänge,

OBEN Um in einem Nassraum die einzelnen Zonen zu kennzeichnen, können verschiedene Ebenen hilfreich sein. Hier steigt man zur Dusche zwei Stufen hinauf.

LINKS Teak und einige andere Hölzer sind so wasserfest, dass man sie im Nassraum als Bodenbelag einsetzen kann, sofern das Wasser leicht abfließen kann. In diesem Fall ist dafür durch Abstände zwischen den Leisten gesorgt.

RECHTS Der abgesenkte Bereich in diesem Nassraum kann als Dusche und Wanne genutzt werden. Der Handtuchhalter dient auch als Griff, der den Einstieg erleichtert. Mosaik ist wegen des feineren Fugenrasters weniger rutschig als große Fliesen.

die am Körper kleben. Der Nachteil ist, dass ein Nassraum komplett abgedichtet werden muss, was zusätzliche Kosten verursacht und auch die Wahl des Standorts einschränken kann.

Zum ersten Mal sah ich einen Nassraum, lange bevor dieses Konzept in Mode kam, bei einem befreundeten Bildhauer, der damals eine halb verfallene Burg bewohnte. Er hatte einen großen Raum komplett mit Terrazzo verkleidet und eine Fußbodenheizung verlegt. Als Dusche diente ein Rohr, das aus der Wand ragte, und der Abfluss befand sich mitten im Fußboden. Diese Lösung war genauso funktional wie die modernen Variationen des gleichen Themas.

Wohin mit dem Nassraum?

Es macht durchaus Sinn, ein Bad in einen Nassraum umzuwandeln, wenn es klein, ungünstig geschnitten oder beides ist. Man könnte einen Nassraum auch von einem Schlafzimmer abtrennen, sofern Nass- und Trockenbereich ausreichend gegeneinander abgegrenzt sind. Weiterhin ist der Nassraum eine gute Ergänzung zum vorhandenen Badezimmer, zumal er sich überall unterbringen lässt, wo Installation und bauliche Gegebenheiten es erlauben.

Weil ein Nassraum logischerweise rundum abgedichtet sein muss, sind Materialien wie Naturstein oder Fliesen erforderlich. Lassen Sie einen Bauingenieur prüfen, ob der gewünschte Bereich geeignet ist oder ob eventuell der Boden verstärkt werden muss. Ein Estrichboden bildet eine stabile Basis für einen Nassraum. Holzböden dagegen arbeiten, was zu Rissen und Feuchtigkeitsschäden führen kann. Aus diesem Grund ist es oft einfacher, einen Nassraum im Erdgeschoss einzubauen.

Auch der Wasserdruck muss berücksichtigt werden. Massageduschen verlangen einen hohen Druck, der jedoch normalerweise vom öffentlichen Leitungsnetz gewährleistet wird. In manchen Regionen kommt es allerdings gelegentlich vor, dass der Wasserdruck schwankt. Ursachen können Rohrbrüche, Überschwemmungen oder andere Probleme im Leitungsnetz sein. Wenn in solchen Fällen Spezialduschen nicht funktionieren, können Sie meist keine Ansprüche geltend machen.

Grundriss und Einrichtung

Vorhandene Frischwasser- und Abwasseranschlüsse sind die wichtigsten Faktoren für die Gestaltung des Grundrisses. Sofern keine Badewanne aufgestellt werden soll, müssen nur wenige feste Objekte untergebracht werden. Rechteckige Grundrisse sind nicht die einzige Lösung. Gerade für Nassräume bietet sich eine runde Form an, die von innen und außen gleichermaßen interessant wirkt.

Die Dusche könnte in der Ecke, an einer Wand, frei stehend oder mitten unter der Decke installiert werden. Waschbecken und Toilette werden an der Wand aufgehängt, damit die Bodenfläche frei bleibt. Um die asiatisch wirkende Strenge zu betonen, sollten Sie ganz schlichte Armaturen und Sanitärobjekte wählen.

Das Angebot an Duscharmaturen ist groß (siehe Seite 155–159) – nicht nur bezogen auf das Aussehen, sondern auch auf das Spektrum an Spezialfunktionen. Ein Thermostatregler ist praktisch und ausgesprochen sinnvoll, wenn Kinder den Nassraum benutzen und sich nicht verbrühen sollen. Alternativ kann man die Regler in einigem Abstand zum Duschkopf montieren, sodass man zuerst die Wassertemperatur prüfen kann, ehe man sich unter die Brause stellt. Mit Massagedüsen und anderem Zubehör macht die Benutzung noch mehr Spaß. Und wer sich beim Duschen gern Zeit lässt, sollte über eine wasserfeste Sitzgelegenheit nachdenken.

Kalte Nassräume sind äußerst ungemütlich, doch mit einer Fußbodenheizung lässt sich problemlos für Wärme sorgen. Praktisch sind auch heizbare Handtuchhalter. Alle Elektroinstallationen im Nassraum müssen von einem qualifizierten Elektriker ausgeführt werden, weil gerade hier die tödliche Gefahr eines Kontakts zwischen Wasser und Elektrizität sehr hoch ist. Stauraum hat in einer kleinen Nasszelle nichts verloren, der Inhalt würde nur klamm und muffig werden. Selbst Handtücher sollte man woanders aufbewahren. In einem großen Nassraum könnte man jedoch einen Einbauschrank in reichlich Abstand zur Dusche einbauen, wo er vor Wasserspritzern gut geschützt ist.

OBEN Der Architekt Seth Stein lebt in England und beschäftigt sich häufig mit Badezimmerdesign. In diesem Neubau in einem Vorort von Toronto grenzt eine gerundete Betonwand den großen Nassbereich ab. RECHTS Rick Joy, Architekt aus Tucson (Arizona), hat mitten in der südwestlichen Wüste ein Haus errichtet, dessen Merkmale Weiträumigkeit, Licht und Natur sind. Der strenge Nassraum mit dem Betonboden und der Glaswand bildet einen spannungsvollen Kontrast zur trockenen Wüstenlandschaft.

OBEN Wenngleich der Nassraum eine recht neue Idee ist und meist mit moderner Gestaltung assoziiert wird, beweist dieses Beispiel in einem französischen Bauernhaus, dass auch ein rustikaler Stil gut aussehen kann. Verputze Wände umgeben einen gefliesten, abgesenkten Duschbereich. **OBEN RECHTS** Dieser Nassraum wirkt durch die Teakholzverkleidung warm und behaglich. Die Bodenbretter haben Zwischenräume, damit das Wasser leicht abfließen kann. **RECHTS** Ein nach Maß gebauter Nassraum mit einem Betonwaschbecken, das der Besitzer entworfen hat. Die strengen Duschen namens »Pipe« stammen von Boffi.

Abdichtung

Die größte Herausforderung beim Bau eines Nassraums ist die zuverlässige Abdichtung. Es darf absolut kein Wasser in die Bausubstanz des Hauses dringen, wo es zu beträchtlichen, kaum reversiblen Schäden führen kann.

Zur Abdichtung reicht es nicht aus, Wände und Boden mit einem undurchlässigen Material zu verkleiden. Auch unter der Verkleidung müssen Wände und Boden geschützt werden. Zu diesem Zweck kann eine Bitumenfarbe aufgetragen oder eine Membran aus Spezialkunststoff verlegt werden, auf der die Oberflächenverkleidung befestigt wird. Denkbar ist auch, Wände und Boden mit wasserfest verleimtem Sperrholz zu belegen. Beim Verfugen von Fliesen oder Mosaik muss darauf geachtet werden, dass keine noch so winzige Lücke offen bleibt.

Die Gefahr, dass Wasser in den Untergrund eindringt, ist wesentlich größer, wenn es länger auf der Oberfläche stehen bleibt. Darum muss der Boden ein leichtes Gefälle zum Abfluss haben, der in der Mitte des Nassbereichs liegen sollte. Sehr elegant sehen auch große Fliesen oder Steinplatten mit Rillen aus, in denen das Wasser abfließen kann.

Die Abdichtung eines Estrichbodens ist weniger schwierig. Eine teurere Alternative wäre eine große Steinplatte unter der Dusche, die zum Ablauf hin geneigt ist oder Rillen hat. Darunter könnte man eine Metallwanne installieren, in der sich Tropfwasser sammelt. Der restliche Boden wird dann mit passenden Steinplatten ausgelegt.

Oberflächen

In einem Nassraum ist Dekoration fast gleichbedeutend mit Materialwahl. Geeignet sind nur ausgesprochen wasserbeständige Materialien, der Fußboden sollte außerdem möglichst rutschfest sein.

Naturstein, etwa Sandstein, Schiefer oder Marmor, sind besonders beliebt. Geeignet ist aber auch wasserfest verleimtes Sperrholz, sofern es sorgfältig versiegelt wird. Mosaik- und Keramikfliesen lassen eine Gestaltung in kräftigen Farben zu. Trennwände können aus Glasbausteinen, satiniertem Glas oder einem Spezialglas bestehen, dessen Transparenz sich auf Schalterdruck verändert. Wasserfest versiegelte Strahler, in die Decke, den Boden oder beides eingelassen, vertreiben jedes Gefühl von Enge.

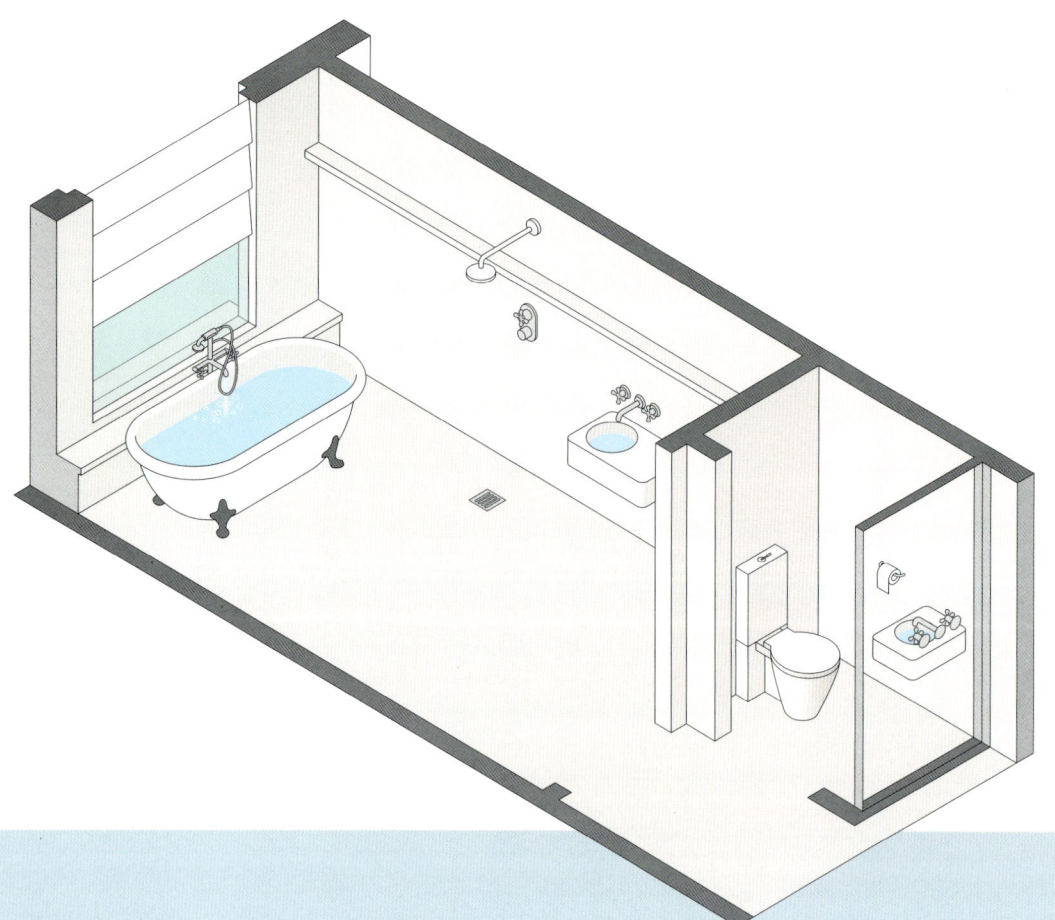

LINKS Damit das Bad als eigenständiger Raum wirken kann,
wurde für das WC eine kleine
Kabine aus Trennwänden
gebaut.
UNTEN Die Klauenfüße der
traditionellen Rollrand-Wanne
wurden mattschwarz gestrichen. Wasserhähne und Dusch-
armatur für die Wanne sind auf
dem Boden montiert. Eine nach
Maß gefertigte Handtuchstange
aus Stahl zieht sich über eine
ganze Wand.

Zum Beispiel **Ein Nassraum**

Der Nassraum ist eine recht neue Idee und wird darum meist mit modernem
Design assoziiert. Das Konzept eignet sich aber gleichermaßen gut für
traditionellere Elemente, die hier eine Brücke zwischen den Stilepochen
schlagen.

Bei der Renovierung des Stadthauses aus den 1920er-Jahren lautete die
Vorgabe, die Räume frischer wirken zu lassen, ohne den historischen Charme
des Gebäudes zu opfern.

Der Nassraum dient als Familienbad und liegt neben dem Schlafzimmer.
Bewohner und Architekt waren sich einig, dass eine Duschkabine störend
aussehen würde, also war ein Nassraum die überzeugendste Lösung. Die
Abdichtung war die größte Herausforderung, weil auf die Balkenlage des
Bodens eine Betonplatte gelegt werden musste. Die hell schimmernden
Flächen wirken ruhig und sehr freundlich.

OBEN Ein schlichtes, an der Wand hängendes Waschbecken mit Wandarmaturen.
LINKS Für den Fußboden und die Wand hinter der Dusche wurde marmorweißer Terrazzo verwendet. Normaler Terrazzo enthält recht große Marmorstücke. In diesem Fall sind die Marmorpartikel ungewöhnlich fein, darum musste der Terrazzo-Mischung ein spezieller Zement zugesetzt werden. So gelang die Verkleidung der Flächen erst im zweiten Anlauf. Die übrigen Wände sind mit einer »atmenden« Latexfarbe gestrichen, die oberflächliche Feuchtigkeit absorbiert. Auf dem schmalen, durchlaufenden Bord können Accessoires abgestellt werden.

LINKS Das Kapselkonzept kann sinnvoll sein, um das Bad in einem Loft oder einer anderen offenen Wohnung abzugrenzen. Dieser schlichte Kasten enthält eine Dusche und ein Waschbecken. Die fröhlich gelben Innenwände bilden einen lebendigen Kontrast zu dem leuchtenden Blau der Außenseiten.

UNTEN UND RECHTS Noch auffälliger ist diese Kapsel aus gebogenem Acrylglas. Aus technischen Gründen liegt sie gleich neben der Küche. Durch die Rundung kann eine ungünstig geschnittene Ecke pfiffig genutzt werden.

BADEKAPSELN

Badekapseln sind geschlossene, voll ausgestattete Sanitär-Einheiten,
die frei in einem größeren Raum oder einem Loft platziert werden können.

Die simpelste Version der Badekapsel ist eine handelsübliche Duschkabine. Hier geht es aber um aufwändigere Modelle mit Waschbecken, Dusche, Badewanne und Toilette.

Die Entwicklung der Badekapsel ist letztlich eine Folge der Loft-Welle und des Trends zu offenen Wohnkonzepten. In vielen Lofts sind sämtliche Anschlüsse in einem zentralen Versorgungsschacht zusammengefasst, gelegentlich sind auch mehrere Anschlussmöglichkeiten vorhanden. Bei der Gestaltung solcher offenen Wohnungen ist es sinnvoll, zuerst die fest installierten Bereiche wie Küche und Bad zu platzieren – möglichst in unmittelbarer Nachbarschaft, um Kosten zu sparen.

Einerseits sind Badekapseln so konzipiert, dass sie ausreichend Intimität und Privatsphäre für die Körperpflege bieten. Andererseits können sie – vor allem in offenen Wohnungen – ihren Zweck nicht verleugnen. Trendbewusste Besitzer mögen mit einem solchen Arrangement ganz unkompliziert umgehen, mancher Besucher könnte aber eine Hemmschwelle haben, ein Objekt zu betreten, das wie eine öffentliche Bedürfnisanstalt aus der Zukunft wirkt.

Fertiglösungen

Das Spektrum der Fertiglösungen reicht von der Dusch-kabine bis zu komplett ausgebauten Badekapseln, die bei-spielsweise für Hotels, Appartements und andere größere Bauprojekte angeboten werden. Diese Fertigelemente wer-den im Ganzen an der Baustelle angeliefert und mit einen Kran an ihren Platz gesetzt, wo sie nur noch angeschlossen werden müssen.

Für den Privathaushalt ist diese Lösung nicht geeignet, doch der stetig zunehmende Anteil vorgefertigter Bau-elemente lässt vermuten, dass in nicht allzu ferner Zukunft komplette Bademodule auch für private Neubauten oder Anbauten erhältlich sein werden.

Vorgefertigte, wasserdichte Komplettduschen, die man frei aufstellen kann, sind dagegen bereits zu haben. Bei manchen Modellen sind Boden, Wände und Decke aus einem Stück geformt und folglich absolut undurchlässig. Bei anderen lässt sich das Dach zur Lüftung öffnen und alternativ schließen, um Wärme und Dampf im Inneren zu halten. Viele haben ein transparentes oder zumindest durchscheinendes Dach, damit sie nicht zu beengt wirken. Solche Kabinen kann man überall aufstellen, sofern entsprechende Anschlüsse vorhanden sind. Die Modellvielfalt reicht von einfachen, oft recht engen Kabinen bis zu Luxusversionen mit den neues-ten Spezialbrausen, Massage- und Dampfdüsen oder Farb-licht. Bei einigen ist sogar eine Uhr, ein Wecker, ein Stereo-Radio oder Stauraum für Bademäntel und Handtücher integriert.

Trotz all dieser aufregenden Ausstattungsmerkmale lassen die meisten vorgefertigten Badekapseln in ästhe-tischer Hinsicht zu wünschen übrig. Das mag sich allerdings ändern, wenn die Nachfrage steigt. Und es gibt natürlich löbliche Ausnahmen. Norman Foster beispielsweise hat eine Dampfkapsel mit integrierter Sitzbank, Hand- und Decken-dusche sowie seitlichen Düsen entworfen, die sehr elegant aussieht.

Individuell gebaute Kapseln

In offen gestalteten Wohnungen verlangt die Platzierung einer Badekapsel etwas Überlegung. Zwar nimmt so eine Kapsel nur relativ wenig Bodenfläche ein, doch sollte man möglichst vermeiden, seitlich oder dahinter tote Winkel zu schaffen. Denken Sie auch an die Verkehrswege und die Abläufe in den einzelnen Wohnbereichen. Ein sinnvoller Platz für die Badekapsel wäre der Bereich zwischen dem eher öffentlichen Wohn- und Essbereich einerseits und dem pri-vateren Schlaf- und Arbeitsbereich andererseits.

Bei individuell gestalteten Badekapseln gibt es bezüglich Material und Stil kaum Grenzen. Am besten sehen solche Elemente allerdings in Bereichen mit hohen Decken aus. Ein Loft oder eine über zwei Etagen offene Wohnung ist ideal, weil kaum Gefahr besteht, dass die Kapsel Blickfluchten un-terbricht und so verhindert, dass man den Raum als Einheit

OBEN Diese Kapsel mit der Klapptür wirkt beinahe wie ein großes Haushaltsgerät. Eine Betonplatte bildet den Boden, die Einbauten sind schlicht und zweckmäßig. **LINKS** Wie Fenstersitze und Himmelbetten besitzen auch Kapseln einen besonderer Reiz – umso mehr, wenn sie eine organische Form haben. Dieses weich gerundete, verputzte Modell hat eine eigene »Schwelle«, die verdeutlicht, dass man eine andere, private Welt betritt. Im Inneren befinden sich eine große Edelstahlbadewanne und eine Dusche mit Vorhang.

wahrnehmen kann. In Räumen mit konventionellen Proportionen sehen solche Kapseln allerdings meist etwas ungeschickt aus. Hebt man die Kapsel etwas vom Boden ab und beleuchtet den Boden, scheint es als würde sie schweben – auch so lässt sich für optische Leichtigkeit sorgen.

Eine Badekapsel kann wie ein Kasten geformt sein, aber auch futuristisch gerundet. Bedenken Sie, dass gerade Flächen und rechte Winkel in der Herstellung preiswerter sind und auch das Anbringen von Einbauten und Sanitärobjekten erleichtern. Andererseits sind gerundete Kapseln gerade für Duschen sehr angenehm und können von außen wie Skulpturen wirken.

Weil man Badekapseln oft von mehreren Seiten sieht, sollte die Außenseite ebenso attraktiv wie das Innere sein. Wichtig ist auch ein ausgewogenes Verhältnis zwischen optischer Leichtigkeit und ausreichendem Sichtschutz. Durchscheinende Materialien wie Milchglas, Glasbausteine oder farbiges Plexiglas können solche Funktionskapseln in einen schimmernden Blickfang verwandeln.

OBEN Die Dusche in diesem Loft ist geschickt integriert. Sie hat zwei hohe Seitenwände und wird auf der dritten Seite vom Raumteiler begrenzt, der das Kopfende des Betts bildet. Darüber wurde eine Glasscheibe eingesetzt. Ein Waschtisch ist außerhalb der Dusche installiert.

RECHTS Hier wurde eine fertig gekaufte Komplettdusche in einem Glaskasten platziert, in dem sich auch ein Doppelwaschtisch und eine frei stehende Wanne befinden.

Zum Beispiel **Eine Badekapsel**

Der Trend zum Loftausbau hat ein neues, flexibles Wohnkonzept geprägt: Die konventionelle Gliederung in separate Räume wird aufgelöst, die Aufteilung kann nach Belieben verändert werden. Dieser Loft in der Altstadt Barcelonas ist mit den Schiebewänden und dem mobilen Stauraum ein Musterbeispiel für Flexibilität. Nur das Bad muss wegen der Rohranschlüsse einen festen Standort haben. Es wurde als Kapsel konzipiert und in einen Würfel eingebaut, der wie ein Haus im Haus wirkt.

OBEN Die Badekapsel wurde mitten im Loft eingebaut, davor liegen Küche, Essbereich und Arbeitsplatz, dahinter der Schlafbereich. Eine Schiebetür aus Milchglas lässt Tageslicht durch, schützt aber vor Einblicken. Nur die restaurierten Holzbalken erzählen noch von der Geschichte des Hauses, alle übrigen Materialien sind betont modern und industriell: Der Fußboden besteht aus Beton, die Treppe und die Galerie aus Stahl.

RECHTS Die Badekapsel ist das einzige »Zimmer« in dieser Wohnung. Der übrige Bereich mit Einbauschränken, Jalousien, verschiebbaren Raumteilern und beweglichen Möbeln kann jederzeit nach Belieben umgestaltet und umgeräumt werden.

OBEN Passend zum Industriestil der Einrichtung wurden auch im Bad schlichte, funktionale Elemente gewählt. Gegenüber der Badewanne mit Metallverkleidung befindet sich eine Dusche mit Abfluss direkt im Boden. Die Stufen an beiden Seiten verhindern Überschwemmungen.
RECHTS Das Bad wurde als geschlossene Kapsel mitten in den Loft eingebaut.

WELLNESS-BÄDER

Wer heute Badeluxus der besonderen Art genießen will, muss nicht
mehr in ein Kurbad reisen oder ein nobles Fitness-Studio besuchen.

Das Küchendesign hat sich in den letzten Jahrzehnten radikal verändert, weil immer mehr Profigeräte die Haushalte erobert haben. Auch im privaten Badezimmer sieht man jetzt häufiger Ausstattungselemente, die man eigentlich aus gehobenen Fitness-Studios, Gesundheitsclubs und Wellness-Bädern kennt. Wannen und Duschen mit Hightech-Funktionen wie Chromotherapie, Massagedüsen, Ultraschall und sogar eingebauten Musikanlagen machen aus der Alltagsroutine ein wahres Verwöhnerlebnis.

So eine multisensorische Ausstattung ist nicht billig, aber das ist ein Tag im Wellness-Center auch nicht. Wenn Sie regelmäßig solche Institute besuchen, kann es auf die Dauer günstiger sein, sich selbst die nötigen Requisiten anzuschaffen. Bedenken Sie aber, dass ein einziges Element, etwa eine Hightech-Dusche, so viel kosten kann wie eine ganze Badezimmerausstattung mit Standardelementen. Oft mausert sich das private Wellness-Bad zu einem Fitness-Raum mit verschiedenen Geräten für das Workout, um sich anschließend eher passiv-zurückgelehnte Badefreuden zu verdienen.

Wer sich lieber ohne die Wunderwerke der Technik entspannt, könnte sich bei der Badgestaltung von den elementaren Baderitualen ferner Länder inspirieren lassen. Technik wird klein geschrieben, das Ambiente ist organisch und beruhigend, das Motto lautet »Zurück zur Natur« – und nicht »Aufbruch in die Zukunft«. Japanische Badezuber kommen ohne technischen Schnickschnack aus und sind zum Wegschwemmen von Stress kaum zu übertreffen. Überlaufwannen wirken durch das stete Tropfgeräusch des Wassers ungemein beruhigend. Dampfbäder und Saunen werden seit langer Zeit hoch geschätzt, weil sie nicht nur gründlich reinigen, sondern auch tiefe Entspannung schenken.

OBEN LINKS Im Wellness-Bad geht es vor allem um Entspannung. Hier überbrückt ein Holzgitter ein Tauchbecken. **OBEN RECHTS** Ein privates Verwöhnbad kommt auch ohne technischen Schnickschnack und Hydrotherapie-Geräte aus. Eine zwanglos-natürliche Umgebung kann ebenso entspannend sein. Hier laden dicke Polster auf dem Boden und eine versenkte Wanne zum Abschalten ein. **RECHTS** Eine Ruheliege aus Holz, eine ovale Steinwanne und ein brennendes Kaminfeuer schaffen Verwöhnatmosphäre.

Lage und Aufteilung

Das ideale Wellness-Bad sollte geräumig sein, um Platz für die verschiedenen Elemente und zugleich ausreichend Bewegungsfreiheit zu bieten. Wer viel Geld für die Ausstattung ausgibt und sie dann auf engem Raum zusammendrängt, sodass der Einstieg in die Wanne mühsam wird oder das Bad beengt wirkt, hat nichts gewonnen. Wer Fitnessgeräte unterbringen will, sollte darauf achten, dass sie in ausreichendem Abstand zur Entspannungszone aufgestellt werden.

Die Platzierung des Wellness-Bades im Haus richtet sich zuerst nach den technischen Gegebenheiten. Große Whirlpools fassen mehr Wasser als konventionelle Badewannen, folglich muss der Boden stabil genug sein, um das Gewicht zu tragen. Andere Installationen, etwa eine Sauna oder ein Dampfbad, benötigen zusätzliche Anschlüsse. Die meisten Hydrotherapie-Geräte und Massageduschen erfordern einen hohen Wasserdruck, der eventuell durch eine Pumpe erzeugt werden muss. Manche Whirlpools müssen so installiert werden, dass ihre Unterseite frei zugänglich bleibt.

Abgesehen von technischen Faktoren ist es ideal, wenn ein Wellness-Bad abseits von der Unruhe des Haushalts platziert wird, sodass man sich ganz in Ruhe und ohne Ablenkungen entspannen kann. Ein Ausgang ins Freie oder mindestens eine schöne Aussicht und reichlich Tageslicht tragen ihr Teil zum sinnlichen Genuss bei. Besonders schön ist eine versenkte Wanne, entweder im Boden oder in einem Podest. Viele Spezialelemente für das Wellness-Bad sollen das Gefühl vermitteln, man läge in einem natürlichen Teich oder einem rauschenden Bach – eine versenkte Wanne hilft, diese Illusion zu schaffen.

OBEN Dieses Bad mit der feinfühligen Kombination aus Stein und Glas hat eine verblüffend taktile Ausstrahlung. Zur Spezialausstattung zählen ein rotierender Duschkopf und ein versenkter Whirlpool.

LINKS Die Wanne wurde in ein Podest eingelassen, das drei Stufen höher als der Fußboden liegt. Der breite Rand bietet reichlich Stellfläche für Duftkerzen und andere Requisiten, die der Entspannung dienen.

Hydrotherapie

Hydrotherapie-Wannen und -Duschen stimulieren die Sinne und fördern die Entspannung. Manche Hersteller versprechen auch eine physiotherapeutische Wirkung, etwa durch Senkung des Blutdrucks, Verbesserung des Muskeltonus, Anregung des Kreislaufs, mehr Beweglichkeit und reinere Haut. Indem der Abbau von Milchsäure und anderen Giftstoffen im Körper angeregt wird, sollen verspannte Muskeln und steife Gelenke geschmeidiger werden, was vor allem Menschen mit chronischen Rücken-, Muskel- oder Kreislaufbeschwerden nützen kann. Auch mit den Voraussetzungen für optimale Entspannung hat sich die Forschung eingehend befasst. Ein Hersteller zitiert Studien der NASA über die Schwerelosigkeit und erklärt, dass bei einer Beugung des Hüftgelenks im Winkel von 135 Grad die Beanspruchung der Muskeln und Gelenke besonders gering sei.

Es gibt verschiedene Hydrotherapie-Systeme, die separat oder kombiniert verwendet werden können. In Wellness-Wannen geben kleine Düsen im Boden winzige Tropfen warmen Wassers ab, die wie Champagner über die Haut perlen und so den Kreislauf sanft anregen. In einem Whirlpool sorgen ähnliche Düsen für einen stärkeren Massageeffekt. Eine Pumpe unter dem Wannenboden hält den Wasserkreislauf in Bewegung. Roy Jacuzzi, der 1964 den Whirlpool erfand, gab dem Sprudelbad seinen Namen. Heute jedoch bezeichnet man als »Jacuzzi« eine spezielle Technik, bei der dem Wasserstrom Luft beigemischt wird.

Sprudelintensität und Massagewirkung lassen sich regulieren, bei manchen Modellen bis zur viel sagenden Einstellung »Wildwasser«. In größeren Wannen ist der Massageeffekt grundsätzlich intensiver, weil dem Wasser mehr Raum zum Zirkulieren zur Verfügung steht. Auch Anzahl und Position der Düsen sind wichtige Faktoren. Es gibt Modelle mit rotierenden Düsen, die eine Tiefenmassage versprechen. Bei anderen sind die Düsen verstellbar und lassen sich gezielt auf spezielle Körperzonen richten. Weiche Kopf- und Armstützen gehören ebenfalls zur üblichen Ausstattung. Bei manchen Modellen können sie herausgenommen werden, bei anderen sind sie fest installiert.

Zur Spezialausstattung gehören beispielsweise ein »Wasserfall« hinter dem Kopf zur Massage des Nackens, ein Zulauf mit »Regenbogen«-Fontäne, eine Unterwasserbeleuchtung, eine Musikanlage, eine integrierte Heizung sowie automatische Entkalkungs- und Reinigungsfunktionen. Modelle der oberen Preisklasse bieten außerdem eine Ultraschallfunktion, die zusammen mit den Wasserdüsen eine wellenartige Tiefenmassage verspricht. Neu sind außerdem »Shiatsu«-Wannen mit 4 Hauptdüsen und 32 weiteren Düsen, die spezielle Druckpunkte des Körpers stimulieren sollen. Auch Kombimodelle aus Wellness-Wanne und Whirlpool

sind erhältlich, und selbst für Standard-Badewannen werden Sprudel-Sets zum nachträglichen Einbau angeboten. Die Installation muss jedoch immer von einem Fachmann vorgenommen werden.

Wie üblich gibt der Preis Aufschluss über die Qualität. Preiswerte Whirlpools sind oft aufwändig zu reinigen und obendrein sehr laut, was der Entspannung nicht unbedingt zuträglich ist.

Ähnliche Hydrotherapie-Funktionen gibt es auch für Duschen. In diesem Fall sorgen seitlich und an der Rückwand angeordnete Düsen für den regulierbaren Massageeffekt. Auch Duschköpfe lassen sich auf verschiedene Wasserstrahlen einstellen, vom Sprühregen bis zum Wolkenbruch. Rotierende Duschköpfe, Schwallbrausen, Wasserfälle, integrierte Sitze, Fußmassagefunktionen und Aromatherapie-Düsen, aus denen duftendes Wasser strömt, sind ebenfalls erhältlich.

Chromatherapie

Farben wirken auf die Psyche, weil die Wellenlänge jeder Farbe dem Auge ein spezifisches Maß an Adaptionsleistung abverlangt. Grün gilt als besonders beruhigend, weil das Auge sich kaum anstrengen muss. Rot dagegen verlangt das höchste Maß an Adaption und wird darum als an- oder sogar aufregend empfunden. Eine der letzten Neuerungen der modernen Badekultur ist farbiges Licht. Duschkabinen und Wannen können mit Leuchtdioden ausgestattet werden, die den Benutzer in verschiedene Farben tauchen. Dahinter steckt das Konzept, durch Farben Stimmungen zu verstärken, wobei jede Farbe andere Emotionen anregt. Man kann entweder nach Geschmack und Laune eine bestimmte Farbe wählen oder sich für einen fließenden Farbwechsel entscheiden. Verfechter der Chromotherapie betonen die verschiedenen therapeutischen Wirkungen der Farben. Violett soll gegen Schlaflosigkeit helfen, während Gelb depressive Stimmungen vertreibt (also den Blues verjagt). Wenn jemand regelmäßig in Rot badet, würde ich mir ernsthaft Gedanken machen.

Dampfbad

Dampfbäder sind in den letzten Jahren in Luxusbädern immer häufiger anzutreffen. Die heilende Wirkung des Dampfbadens ist schon seit der Antike bekannt. Feuchte Wärme öffnet die Poren und regt die Schweißbildung an, sodass über die Haut Schlacken ausgeschieden werden. Daneben werden Kreislauf und Hauttonus angeregt. Auch Menschen mit chronischen Atembeschwerden wird das Dampfbaden empfohlen, weil die feuchtwarme Luft die Atemwege entspannt. Dampf leitet Wärme besser als Luft und kann sich selbst bei 100 Prozent Luftfeuchtigkeit bis auf 40–42 °C erhitzen. Schwangere Frauen und Menschen mit Herzbeschwerden sollten den Arzt konsultieren, ehe sie ein Dampfbad nehmen.

Manche Hydrotherapie-Duschen sind mit einer Dampffunktion ausgestattet, daneben gibt es spezielle Dampfkabinen, die wenig Platz einnehmen. Selbst normale Duschkabinen lassen sich recht einfach in Dampfkabinen umwan-

OBEN Farbtherapie gehört zu den letzten Neuerungen der Badezimmerausstattung. In diese Wanne von Kohler sind Leuchtdioden eingebaut, die verschiedene Farbwechselprogramme erlauben. Anhänger der Chromotherapie weisen jeder Farbe eine spezifische Wirkung auf die Emotionen zu. GANZ LINKS Hydrotherapie-Wannen und -Duschen gibt es in vielen Ausführungen. Dieser mit Marmor verkleidete Nassraum ist mit einer übergroßen »Regen«-Dusche und verstellbaren Massagedüsen für verschiedene Körperpartien ausgestattet. LINKS Im Whirlpool fühlt man sich, als läge man in einem sprudelnden Bergbach. Eine versenkte Wanne schenkt diese Illusion sogar mitten in der Stadt.

deln, sofern sie sorgfältig abgedichtet werden. Es gibt Kuppeln in verschiedenen Größen, die man einfach auf eine vorhandene Duschkabine setzt. Ein Dampfgenerator, der außerhalb der Kabine installiert wird, erzeugt den Dampf, der durch eine Düse in die Kabine geleitet wird und sich über einen Regler einstellen lässt. Der Generator muss vom Installateur angeschlossen werden, seine Leistung richtet sich nach der Größe des Raums oder der Kabine. Ein eingebauter Sitz ist in jedem Fall ein Gewinn, vor allem einer, auf dem man sich zurücklehnen kann.

Eine Dampfkabine muss nicht viel Platz einnehmen, der Generator selbst kann in einem Schrank oder sogar außerhalb des Badezimmers untergebracht sein. Das Aufheizen der Kammer dauert nur 15 bis 20 Minuten. Weil Dampf Bartstoppeln weich macht, fällt das Rasieren nachher leichter. Wer sich im Dampfbad rasieren will, braucht einen Spiegel mit einer elektrischen Vorrichtung, die das Beschlagen verhindert.

Sauna

Das »Baden« in heißer, trockener Luft hat vor allem in skandinavischen Ländern eine sehr lange Tradition. Saunen sind heißer als Dampfbäder, doch wegen der geringen Luftfeuchtigkeit (um 3 Prozent) ist die große Hitze erstaunlich leicht auszuhalten.

Saunen werden als Fertigbausätze angeboten, man kann sie auch nach Maß bauen lassen. Die Kabine muss sehr gut isoliert und ausreichend belüftet sein. Die Wände werden mit unbehandeltem Holz verkleidet, meist mit Fichte. Zum Aufheizen dient ein Holz- oder Elektroofen. Normalerweise werden Holzliegen in zwei Höhen eingebaut – auf der oberen ist es heißer.

LINKS Dieses Bad mit der eingebauten Ruheliege zum Entspannen nach dem Bad erinnert an Le Corbusiers berühmtes Bad in der Villa Savoie. Die geschwungene Liegefläche ist mit Teakholz-Leisten belegt.

RECHTS Japanische Badezuber bestehen traditionell aus Holz.

UNTEN Dieses Dampfbad mit Dusche wurde in einen ehemaligen Kohlenkeller eingebaut. Eine Fußbodenheizung sorgt für Wärme. Durch eine Düse strömt der Dampf ein, der Generator selbst ist in einem Schuppen gleich neben dem Keller untergebracht.

Badezuber

In einem tiefen Zuber mit heißem Wasser kann man wunderbar entspannen. In Japan haben diese Zuber, die man nach einem reinigenden Duschbad auch gemeinsam benutzt, eine lange Tradition. Meist bestehen die Zuber aus Holz, das die Wärme lange speichert und angenehm riecht. Bedeckt man den Zuber abends mit einem Deckel, ist das Wasser am nächsten Morgen noch warm. Ein Zuber muss immer mit Wasser gefüllt sein, sonst schrumpft das Holz und er wird undicht. Dennoch muss er nach einer Weile ersetzt werden.

Überlaufwannen

In Überlaufwannen, in denen das Wasser bis an den Rand steht, fühlt man sich, als ließe man sich mit der Flut treiben. Das rhythmische Tröpfeln des überlaufenden Wassers empfinden manche Menschen als sehr beruhigend. Überlaufwannen sind recht tief, sodass sich eine gewisse Schwerelosigkeit einstellt. Meist sind es Konstruktionen aus einer Wanne in der Wanne, wobei das äußere Gefäß das überlaufende Wasser auffängt. Der Wasserverbrauch solcher Wannen ist nicht zu unterschätzen.

Ein sehr ungewöhnliches Modell besteht aus einer abgeschrägten Rückenlehne in einem Glaskasten. Das Wasser tropft an einem Ende auf ein Bett aus Kieseln, die den Abfluss verstecken.

Atmosphäre schaffen

Ob Sie Hightech-Fan sind oder den elementaren Stil bevorzugen, immer ist ein ganzheitlicher Gestaltungsansatz gefordert, um einen wirkungsvollen Gegenpol zum Alltagsstress zu schaffen. Materialien, Dekoration und Details sind die wichtigsten Zutaten für ein ruhiges, beschauliches Badambiente.

Wählen Sie möglichst natürliche Materialien und Oberflächen, die den Tastsinn ansprechen. Lampen mit Dimmer lassen sich zum Fitness-Training hell einstellen und zum Entspannen dämpfen. Düfte, Kerzenlicht und sanfte Musik schaffen ebenso wie flauschige Handtücher und Bademäntel die perfekte Verwöhnatmosphäre.

RECHTS Überlaufwannen sind der Gipfel der Extravaganz. Sie werden bis an den Rand gefüllt, sodass das Wasser bei der kleinsten Bewegung leise über den Rand in das äußere Auffanggefäß tröpfelt. Die Wassertiefe sorgt für angenehme Schwerelosigkeit.

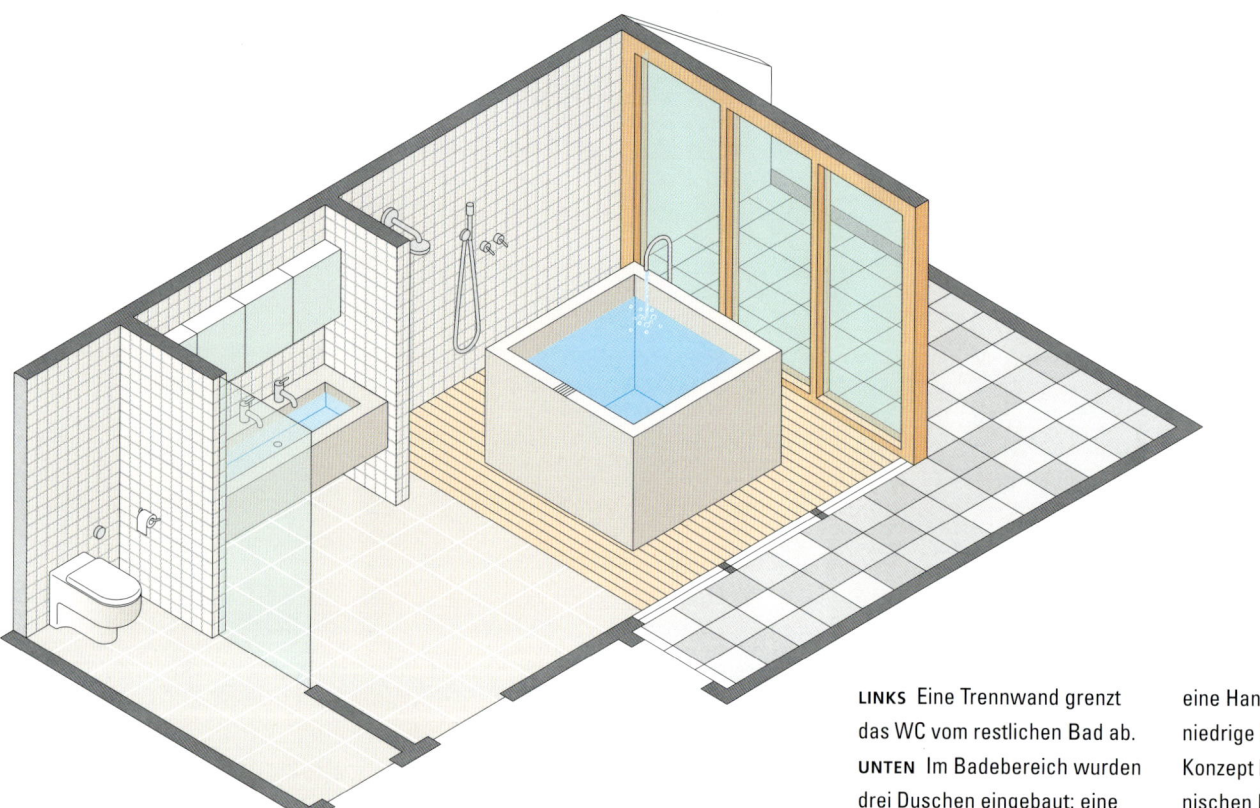

LINKS Eine Trennwand grenzt das WC vom restlichen Bad ab. UNTEN Im Badebereich wurden drei Duschen eingebaut: eine Wanddusche über Kopfhöhe, eine Handdusche und eine niedrige Fußdusche. Dieses Konzept knüpft an den japanischen Brauch an, sich vor dem Bad zu säubern.

Zum Beispiel **Ein Wellness-Bad**

In dieser Wohnung im obersten Geschoss einer Wohnung in Stockholm wurde gleich neben der Dachterrasse eine private Enklave geschaffen, um den Stress des modernen Alltags abzuspülen. Zwei Wände und das schräge Dach bestehen ganz aus Glas und bieten eine fantastische Aussicht auf die Stadt und die eigene Dachterrasse.

Blickfang der Bades ist eine große, hohe Wanne im japanischen Stil, die jedoch aus Sandstein besteht. Eine Wanddusche, eine Handbrause und eine niedrige Dusche für die Füße machen die tägliche Körperpflege bequem. Die Wanne ist exakt waagerecht ausgerichtet. Ist sie voll, tröpfelt das Wasser durch Rillen an einer Seite auf die Teak-Latten, unter denen sich der Abfluss versteckt. Weil die Wohnung im obersten Stockwerk liegt, ist der Wasserdruck recht niedrig und es dauert eine Weile, die Wanne zu füllen. Das Waschbecken im benachbarten Bereich besteht ebenfalls aus schwedischem Sandstein. Die Toilette und ein kleines Handwaschbecken sind hinter einer Milchglas-Abtrennung versteckt.

OBEN LINKS UND OBEN An einer Seite sind in den Rand der Sandsteinwanne Rillen gefräst, durch die das Wasser langsam überlaufen kann. Es wirkt ungemein beruhigend, bis zum Hals im warmen Wasser zu sitzen und dem leisen Tröpfeln zuzuhören.

LINKS Die Wände sind mit weißen Keramikfliesen verkleidet, die Spiegelschränke über dem Sandsteinwaschbecken reflektieren das Tageslicht. Der große Duschkopf stammt von Boffi, die Wasserhähne von Vola.

LINKS In heißen Ländern und Küstenregionen kann das Baden im Freien unwiderstehlich sein. Dieses Haus in der Karibik hat eine Terrasse mit Wandwaschbecken und Dusche, üppige Pflanzen geben ausreichend Sichtschutz.

RECHTS Selbst in kühleren Ländern kann man das Gefühl des Freiluftbades suggerieren, indem man Aussicht und Tageslicht maximal nutzt. Dieses umweltfreundliche Haus mit der gewölbten, transparenten Verkleidung ist ein überzeugendes Beispiel.

DRINNEN UND DRAUSSEN

Es hat eine ganz besondere Qualität, sich unter freiem Himmel ins Wasser sinken zu lassen. Allen Sinnen wird das Empfinden vermittelt, ein Teil der natürlichen Umgebung zu sein.

Wegen solcher elementaren Badefreuden geben Menschen aus kühlen Ländern viel Geld für Strandurlaube in warmen Ländern aus, andere bleiben zu Hause und investieren ein kleines Vermögen in einen eigenen Swimmingpool. Und die Menschen, die in warmen Regionen leben, vergessen manchmal, wie angenehm das Baden im Freien sein kann. Selbst wer in einer kühlen, regnerischen Gegend wohnt, wo es im Sommer keine Garantie für viele Sonnenstunden gibt, muss auf dieses sinnliche Vergnügen nicht vollkommen verzichten.

Nähe zur Natur – durch Sonne, frischen Wind und den Himmel – muss nicht auf zwei Wochen Sommerurlaub beschränkt oder den Betuchten mit Swimmingpool vorbehalten bleiben. Man kann den Wänden des häuslichen Badezimmers durchaus so zu Leibe rücken, dass sich die Grenzen zwischen Innen- und Außenraum nahezu auflösen. Das Baden unter freiem Himmel muss etwas Unwiderstehliches haben. Selbst in Großstädten, wo die Natur definitiv auf dem Rückzug ist, und sogar in Regionen mit nicht sonderlich zuverlässigem Wetter entscheiden sich immer mehr Menschen, dieser elementaren Erfahrung in ihrem Alltag Platz zu geben. Ein bekanntes Beispiel ist die Dusche, die die Modedesignerin Stella McCartney auf dem Dach ihres Hauses in Londons Westen installieren ließ. Ein Duschbad unter dem Sternenhimmel und selbst im Londoner Nieselregen kann im hektischen Stadtleben ein erholsamer Ausflug in die Natur sein.

Wer es nicht ganz so offen mag, kann sich auf andere Weise Sonnenlicht, frische Luft und grüne Pflanzen ins Bad holen. In Japan, wo Wohnungen sehr klein sind, wird die zentrale Rolle der Natur für das menschliche Leben besonders gewürdigt. Traditionell gehört in jeden Raum oder Bereich der Wohnung mindestens ein lebendes Beispiel für die Welt der Natur, und sei es nur eine einzelne Blüte.

Licht und Luft

Wenn ein Bad reichlich Tageslicht und viel frische Luft bekommt, ist schon ein großer Schritt zur Gestaltung eines natürlichen Ambiente getan. Wer die Wahl hat, sollte das Bad so platzieren, dass es zu den üblichen Benutzungszeiten optimales Tageslicht erhält. Liegt es nach Osten, hat man zu Tagesbeginn gute Chancen auf Sonnenlicht. Ist es dagegen nach Süden (auf der südlichen Halbkugel nach Norden) oder nach Westen ausgerichtet, kann man wärmende Sonnenstrahlen am Nachmittag und frühen Abend genießen. In sehr heißen Ländern ist ein nach Westen weisendes Bad allerdings nicht unbedingt empfehlenswert.

Verglaste Wände holen viel Licht in den Raum, große Fenster oder Außentüren lassen sich öffnen und ermöglichen außerdem gute Belüftung. Wer einen Sichtschutz wünscht, aber auf Tageslicht nicht verzichten will, könnte für den unteren Bereich der Fensterflächen Milch- oder Strukturglas verwenden. Liegt das Bad innen oder bekommt es aus anderen Gründen wenig Tageslicht, können Oberlichter eine gute Lösung sein. Es hat schon seinen Reiz, in der Wanne zu entspannen und dabei in den blauen Himmel – oder den Sternenhimmel – zu schauen. Durch Oberlichter, die sich öffnen lassen, kann feuchtwarme Luft gut entweichen.

In heißen Ländern mit grellem Sonnenlicht muss das Bad schattiert werden, damit es sich nicht überhitzt. Durchbrochene Rollos, Lamellenjalousien und perforierte Sichtschirme malen hübsche Schattenmuster und erlauben dennoch eine gute Luftzirkulation durch geöffnete Fenster.

OBEN Ein hängendes Schiebepaneel grenzt die Dusche ab, ohne Lichteinfall oder Aussicht zu stören. **OBEN LINKS** Die Lamellen an der Decke malen ein interessantes Streifenmuster auf die Dusche mit Holzverkleidung. **LINKS** Eine Drehtür aus Glas trennt die japanisch inspirierte Dusche mit der Deckenbrause von einer geschützten Terrasse, auf der man sich von der warmen australischen Sonne trocknen lassen kann.

Grenzen verwischen

Die engste Verbindung zwischen Bad und Natur lässt sich entweder im Erdgeschoss oder auf dem Dach herstellen. Beide Möglichkeiten bieten sich zum Einrichten eines echten Freiluftbades an. Halb offene oder an einen Garten angrenzende Bäder sind nicht neu. Römische Bäder hatten fast immer einen Garten, ebenso wie das traditionelle japanische Badehaus. Wie bei Bädern, die sich ans Schlafzimmer anschließen, verschwimmen die Grenzen, wenn die Bereiche optisch aufeinander abgestimmt werden. Verwendet man drinnen und draußen gleiche Materialien, etwa Holzfußboden und Holzdeck, Steinfliesen und Steinplatten, gehen die Bereiche ineinander über. In warmen Ländern könnte man eine Wand einplanen, die sich komplett zum Garten öffnen lässt, um Aussicht und kühle Brise zu genießen. In weniger freundlichen Klimazonen reichen große Glasflächen, Schiebetüren oder Terrassentüren aus, um auch bei schlechtem Wetter eine visuelle Verbindung zum Außenbereich herzustellen.

OBEN Bad mit Aussicht. Hinter dem umlaufenden Fensterstreifen präsentiert sich ein atemberaubendes Wüstenpanorama. **RECHTS** Abwechselnde Streifen aus klarem und satiniertem Glas lassen viel Licht ein, schützen aber vor neugierigen Blicken. **LINKS** Wie ein Garagentor lässt sich die große Glasfront aufklappen, um das Bad mit dem Garten zu verbinden. Die frei stehende Wanne ist ein Modell von Philippe Starck. Holzlamellen schützen die Terrasse vor allzu starker Sonneneinstrahlung.

LINKS Wer braucht im Freien einen Duschvorhang?
UNTEN Eine Freiluftdusche in Australien mit einem Bodenbelag aus Flusskieseln, einer Wellblech-Rundwand und einer Tür aus Zink. Für Schatten sorgen hohe Bäume.
RECHTS Ein Metallrahmen mit Holzlatten reicht als Abtrennung für diesen Waschplatz mit Dusche im Freien aus.

Zwar nehmen wir heute die Privatsphäre des Badezimmers nicht mehr so wichtig wie noch vor wenigen Jahren und es stört uns kaum, das Bad mit Familienangehörigen oder engen Freunden zu teilen. Das heißt jedoch nicht, dass Sichtschutz kein Thema mehr ist. Ein Bad, das sich zum Garten öffnet, kann eventuell eingesehen werden. Selbst wenn das für Sie kein Problem darstellt, haben die Nachbarn vielleicht ein anderes Verhältnis zum Baden im Freien und stören sich daran. Schirmt man ein Freiluftbad oder ein einsehbares Bad im Haus mit Spalieren, Rankgittern und Pflanzen ab, haben neugierige oder irritierte Blicke keine Chance. Üppige Farne und Bambuspflanzen sind ein wunderbarer Rahmen für eine Wanne im Freien. Und wer nicht halbnackt durch den Garten laufen möchte, sollte auch die Freiluftdusche so platzieren, dass sie vom Haus aus leicht zu erreichen ist.

Eine Dachterrasse oder ein Dachgarten ist ein anderer guter Platz für ein Freiluftbad. Stella McCartneys Dusche befindet sich auf einer Dachterrasse, die mit einem 1,8 Meter hohen Zaun umgeben ist. Neben der Frage des Sichtschutzes müssen hier auch statische Aspekte berücksichtigt werden. Wenn eine Dachterrasse einige Kübelpflanzen tragen kann, bedeutet das noch nicht, dass sie auch stabil genug für eine gefüllte Badewanne sein muss. Befragen Sie zu diesem Thema immer einen Fachmann. Wannen und Duschen brauchen einen angemessenen Abfluss. Außerdem muss der Untergrund sorgfältig abgedichtet sein und etwas Gefälle haben, damit kein Wasser stehen bleibt und womöglich in die darunter liegende Dachkonstruktion eindringt. Auch Genehmigungen können nötig sein. Stella McCartneys Dusche geriet durch die Beschwerden von Nachbarn in die Schlagzeilen, die sich aber keineswegs an der Dusche störten, sondern an dem 1,8 Meter hohen Zaun. Informieren Sie sich bei den zuständigen Behörden, ob Ihre Pläne im Rahmen der Vorschriften liegen.

Duschen und Badewannen

Wählt man Armaturen und Sanitärobjekte mit Bedacht, kann man den täglichen Routinen eine angenehme Einfachheit verleihen. Der Minimalismus, der seine Inspiration aus dem Zen-Buddhismus bezieht, steht für sparsame, reduzierte Interieurs, in denen möglichst wenig zwischen den Menschen und die elementaren Wirkungen von Licht, Luft und Raum tritt.

Duschen in Form einfacher Speier oder aufrecht stehender, abgewinkelter Rohre passen ebenso wie japanische Zuber und Überlaufwannen zu dieser strengen Ästhetik. Wie Überlaufwannen vermitteln auch extraflache Waschbecken den Eindruck ruhig fließenden Wassers. Das Wasser strömt zunächst in eine flache Vertiefung, läuft auf den breiten Rand über und verschwindet durch eine Rinne am äußeren Rand. Übergroße Duschköpfe simulieren wegen ihrer breiteren Streuung natürlichen Regen und lassen sich regulieren – vom sanftem Frühlingsschauer bis zum tropischen Wolkenbruch.

Badezuber und Whirlpools auf einer Außenterrasse galten einmal als Synonym für den entspannten Lebensstil der amerikanischen Westküste. Heute findet man sie sogar im vermeintlich so prüden und uneitlen England, wo das Wetter längst nicht so verlässlich ist wie im sonnigen Kalifornien.

Wellness-Badewannen und Whirlpools kann man zwar im Freien aufstellen, doch lässt ihr Äußeres oft zu wünschen übrig. Holzzuber dagegen, ob frei stehend oder in ein Holzdeck eingesenkt, passen schon durch ihr Erscheinungsbild perfekt in den Garten. In solche Zuber ist eine Bank eingebaut, sodass man gemütlich sitzend bis zum Hals eintauchen kann. Und auch für sie gibt es Sets mit Massagedüsen, die man nachrusten kann. Zwar müssen die elektrischen Anschlüsse vom Fachmann installiert werden, doch den Zuber selbst kann man mit dem Gartenschlauch füllen, wenn man keine Rohre im Freien verlegen lassen will. Sofern man eine Energiespar-Einstellung wählt und den Zuber stets gut abdeckt, bleibt er lange warm und lässt sich schnell wieder auf Badetemperatur heizen, sodass die Betriebskosten nicht allzu hoch sind. Einige Firmen bieten auch Pavillons zum Überdachen der Zuber an, was bei unfreundlichem und heißem Wetter gleichermaßen angenehm sein kann.

GANZ LINKS Eine Innendusche mit Freiluft-Atmosphäre. Die Wände aus poliertem Beton sind in einem sanften Kohlegrau gestrichen, das Dach besteht aus Glas. Die schlichten Armaturen und die übergroße Brause tragen zu der natürlich-einfachen Wirkung bei.

LINKS Aus dem kleinen Nassraum mit Mosaikwänden gelangt man auf eine Sonnenterrasse mit Holzfußboden.

UNTEN Dieses Wellness-Bad im Freien mit Zuber aus finnischer Rotzeder und Boffi-Dusche gehört zu einem Gästehaus in den Niederlanden.

Atmosphäre schaffen

Wie beim Wellness-Bad erzeugen auch in einem Bad mit direkter Verbindung zum Außenbereich Naturmaterialien eine ruhige, entspannte Stimmung, die durch geschickte Beleuchtung noch gesteigert werden kann. Ein Zuber mit integrierter Faseroptik-Beleuchtung ist ein faszinierender Blickfang im Garten. Diese Technik eignet sich sogar zum Beleuchten des fließenden Wassers von Wasserhähnen oder Duschen.

Pflanzen sollten nicht fehlen. Tropische und subtropische Arten wie Baumfarne gedeihen in der feuchtwarmen Badezimmeratmosphäre prächtig. Im Freien können Duftpflanzen wie Lavendel und Rosmarin neben einem heißen Zuber das Baden zu einem sinnlichen Erlebnis machen.

LINKS Blick ins Bad vom aufge-
schütteten Kiesbeet. Passend
zum asiatischen Stil ist die
Außenfassade mit Zedernholz
verkleidet, das traditionell zur
Herstellung japanischer Zuber
verwendet wird und auch ohne
weitere Behandlung wetter-
fest ist.

RECHTS Die Rollrand-Bade-
wanne steht auf dicken Iroko-
Balken. Der Wasserzulauf erhebt
sich direkt aus dem Boden, die
Armaturen sind auf einem der
Balken montiert. Oberlichter und
große Fenster tauchen das Bad
in helles Licht. Der Boden ist mit
weißem Keramikmosaik gefliest.

Zum Beispiel **Drinnen und Draußen**

Traditionelle japanische Baderituale dienten als Inspiration bei der Gestaltung
dieses Bades im Süden Londons. Die Kunden beauftragen den Architekten mit
dem Entwurf eines Bades, das asiatische Schlichtheit vermitteln und eine
möglichst starke Verbindung zum Garten haben sollte. Das Bad wurde in einem
speziell errichteten Anbau im Erdgeschoss untergebracht, der nun einen
eigenständigen Übergangsbereich zwischen Haus und Garten bildet.

In vielen Häusern gelangt man durch andere Räume ins Bad. Hier stellt ein
separater Gang mit Glasdach und großen Fenstern die Verbindung zur übrigen
Wohnung her. Es wirkt fast, als ginge man durch den Garten ins Bad. Den
schönsten Ausblick im ganzen Haus hat man aus der Wanne, die an einem
Ende des Anbaus vor dem großen Fenster steht. Weil der Garten tiefer liegt,
wurde vor dem Bad ein erhöhtes Kiesbeet aufgeschüttet, in dem Bambuspflanzen für Sichtschutz sorgen.

LINKS Gusseisenwannen werden noch heute produziert, man kann aber auch bei Händlern für historische Baumaterialien fündig werden. Typisch für solche Wannen sind der Rollrand und die dekorativen Klauenfüße.

GANZ LINKS Badewannen gibt es in verschiedenen Formen, Stilen und Materialien. Moderne Modelle bestehen häufig aus Acryl. Diese Wanne hat einen versenkten Abfluss. Wandarmaturen und eine Handbrause halten die unmittelbare Wannenumgebung frei.

beim Baden lesen, wenn Sie kleine Kinder haben oder wenn Ihre Beweglichkeit eingeschränkt ist. Auch das Reinigen sehr tiefer Badewannen kann recht mühsam sein.

Gewicht Sehr schwere Badewannen, vor allem Modelle aus Gusseisen oder Naturstein, bürden dem Fußboden eine beträchtliche Last auf und können schon aus statischen Gründen ungeeignet sein. Leichte Wannen, etwa Typen aus Acryl, sind problemloser einzubauen. Wird eine sehr große Wanne gewünscht, ist leichtes Acryl oft die einzige Wahl, denn man muss neben dem Wannengewicht auch die Belastung der Fußbodenkonstruktion durch das Gewicht des Wassers berücksichtigen.

Wärme Manche Materialien speichern Wärme besser als andere. Acryl und Holz halten das Wasser länger warm als beispielsweise Stein und Beton, die zudem lange brauchen, um sich zu erwärmen. Je größer die Wanne ist, desto wichtiger wird dieser Aspekt, schließlich soll das Wasser nicht schon abkühlen, während es einläuft.

Pflege Wie leicht lässt sich die Badewanne reinigen? Wie empfindlich ist das Material für Kratzer oder Flecken? Sind spezielle Pflegeansprüche zu berücksichtigen? Holzwannen beispielsweise sollten immer voll Wasser stehen, damit das Holz nicht austrocknet, schrumpft und reißt.

Wasserverbrauch Sehr große oder tiefe Wannen fassen mehr Wasser als Standardmodelle, ebenso verhält es sich mit Überlauf-Wannen. Je größer die Wanne, desto länger dauert es außerdem sie zu füllen. Sie sollten die dadurch entstehenden Kosten einkalkulieren und überlegen, ob ein so hoher Verbrauch sinnvoll ist. Bedenken Sie auch den Umweltaspekt, denn Wasser ist ein kostbarer Rohstoff, den man nicht gedankenlos verschwenden sollte.

Funktion Brauchen Sie weiteres Zubehör, etwa eine Wanddusche über der Wanne, eine Handbrause oder Hydrotherapie-Armaturen? Hat die Wanne bereits Bohrungen für die Armaturen oder können Sie frei entscheiden, wo Sie sie montieren möchten?

Gusseisen

Die Massenproduktion von Gusseisenwannen begann im frühen 20. Jahrhundert. Noch heute sind diese Modelle beliebt, vor allem für luxuriös ausgestattete Bäder. Die Produktion ist aufwändig und langwierig, die Fertigung einer einzigen Wanne kann mehrere Tage dauern. Der gusseiserne Korpus wird mit mehreren Emailleschichten überzogen, die ihm die weiß glänzende, glatte Oberfläche geben. Dass diese Schicht meist etwas uneben ist, macht einen Teil des Reizes aus. Einige Firmen produzieren noch heute solche Wannen, die meisten von ihnen sind in Spanien und Portugal ansässig.

Gusseisenwannen sind ungemein durabel, kratzfest und unempfindlich gegen Flecken. Sie haben eine wunderbar solide Ausstrahlung und speichern die Wärme gut, wenngleich sie sich im ersten Moment oft etwas kühl anfühlen. Allerdings sind sie teuer und können wegen ihres enormen Gewichts nicht in allen Bädern eingebaut werden.

Die Formen sind meist konventionell, was an den Eigenschaften des Materials und dem Herstellungsverfahren liegt. Es gibt Modelle mit einem und mit zwei abgerundeten Enden sowie kürzere, extratiefe Wannen mit höherer Rückenlehne. Frei stehende Gusseisenwannen haben meist einen Rollrand und dekorative Klauenfüße, die gelegentlich vermessingt oder verchromt sind. Auch andere Untergestelle eignen sich für solche Wannen, etwa in Form gesägte Holzbalken. Die Außenseite ist meist geschwärzt oder wird unbehandelt

geliefert, sodass man sie individuell lackieren kann. Es gibt auch Gusseisenwannen mit geradem Rand zum Einbau in eine geschlossene Fläche.

Gelegentlich werden alte Gusseisenwannen gebraucht angeboten. Ist die Emaille abgenutzt, fleckig oder angestoßen, muss die Wanne neu beschichtet werden. Eine solche Renovierung der Wanne ist nicht ganz preiswert. Prüfen Sie auch, ob die Bohrungen für die Armaturen den heutigen Maßen entsprechen und ob Ihnen die Position zusagt. Wer in einem neu gekauften Haus eine alte Gusseisenwanne vorfindet, kann sie an Ort und Stelle neu beschichten lassen.

Stahl

Wannen aus gepresstem Stahl sind ebenfalls mit einer Emailleschicht überzogen. Sie sind wesentlich preiswerter und leichter als Gusseisenwannen. Es gibt sie in verschiedenen Formen, Größen und Farben, auch Modelle mit integrierter Schürze (Verkleidung) werden angeboten. Neben frei stehenden Wannen mit verdicktem oder Rollrand gibt es verschiedene Versionen, die eingebaut oder verkleidet werden. Kombimodelle, über denen eine Dusche installiert wird, haben einen flachen Boden und sind am Duschende oft verbreitert. Stahlwannen sind nicht so durabel wie Gusseisenwannen, außerdem sind sie lauter und speichern Wärme nicht so gut. Ein weiterer Nachteil ist, dass sie sehr rutschig sind.

Edelstahlwannen passen gut zur modernen Industrieästhetik. Manche Hersteller bieten frei stehende Modelle an, die nach Kundenmaßen individuell gefertigt werden.

OBEN Neue Gusseisenwannen haben meist keine Bohrungen, folglich kann man die Platzierung der Wasserhähne frei bestimmen. Bei dieser Wanne für zwei Personen sind die Armaturen mittig montiert. Weil Gusseisenwannen sehr schwer sind, muss vor dem Kauf geprüft werden, ob der Fußboden das Gewicht von Wanne und Wasserfüllung tragen kann.

OBEN RECHTS Weil Acryl leicht ist, kann man daraus größere Wannen fertigen, außerdem lässt es sich in verschiedenste Formen bringen. Dieses frei stehende Modell stammt aus der Edition 2 von Philippe Starck.

RECHTS Eine knallrote Wanne mit passendem Doppelwaschtisch aus Durat, einem strapazierfähigen Kompositmaterial.

Acryl

Acrylwannen werden in verschiedenen Qualitäten und Preisklassen angeboten. Hochwertige Modelle sind mit Glasfaser verstärkt und haben eine Unterkonstruktion, die sowohl Stabilität als auch Isolierung verbessert. Als Acrylwannen neu auf den Markt kamen, galten sie als minderwertige Notlösung. Inzwischen wurde die Qualität erheblich verbessert.

Acryl ist sehr leicht und lässt sich akkurat verarbeiten, folglich können die verschiedensten Formen und Größen hergestellt werden. Wannen aus so leichtem Material können außerdem größer sein als schwere Gusseisenmodelle. Acrylwannen werden in vielen Farben angeboten, auch mit seidenmatter Oberfläche. Neben frei stehenden Modellen wie der Edition 2 von Starck gibt es Eck- und Einbauwannen, runde Modelle und Körperformwannen.

OBEN Eine Steinbadewanne ist der Gipfel des Badeluxus. Steinwannen, ob aus Sandstein oder Marmor, sind extrem teuer und sehr schwer.
OBEN RECHTS Stahl- und Acrylwannen werden häufig mit einer Verkleidung versehen, etwa aus Fliesen oder – wie in diesem Fall – aus Holz.
GANZ RECHTS OBEN Holzbadewannen sind warm und seidig glatt. Dieses Modell mit dem körpergerechten Innenleben gehört zur Serie »Woodline« von Agape. Es besteht aus wasserfest verleimtem Sperrholz.

Im Gegensatz zu Gusseisen- und Stahlwannen, deren Emaille immer winzige Unregelmäßigkeiten aufweist, ist Acryl absolut homogen. Kratzer und andere kleine Oberflächenschäden lassen sich leicht beseitigen, und ist die Wanne mit der Zeit matt geworden, lässt sie sich mit einer feinen Metallpolitur wieder auf Hochglanz bringen. Acrylwannen sind hygienischer als andere Typen, lassen sich leicht reinigen, sind warm und relativ rutschfest.

Durat ist ein Kompositmaterial, das zu 50 Prozent aus Recyclingkunststoff besteht. Es lässt sich sägen und schneiden und wird mit einem Spezialkleber zusammengesetzt. Bekannt ist Durat vor allem als Material für Arbeitsplatten mit integrierten Spülen, es eignet sich aber auch für Wannen gut. Es hat eine seidige Oberfläche, ist extrem durabel, pflegeleicht und warm. Das fein gesprenkelte Material ist in verschiedenen Farbstellungen erhältlich.

Stein

Badewannen aus Natur- oder Kunststein haben eine geradezu monumentale Ausstrahlung. Die teuersten – und schwersten – Modelle sind aus massiven Sandstein- oder Marmorblöcken gehauen. Eine schalenförmig-runde Sandsteinwanne von Claudio Silvestrin beispielsweise ist so schwer wie ein VW Golf – und auch nicht viel preiswerter. Erschwinglicher und leichter sind Wannen aus Steinplatten, die an den Ecken verbunden und abgedichtet sind. Noch preiswerter ist so genannter Kunststein. Solche Wannen sehen zwar reizvoll aus, doch fühlt sich Stein recht kühl an und auch das Badewasser bleibt nicht lange warm.

Holz

Holzbadewannen kamen Hand in Hand mit dem minimalistischen Wohnstil in Mode. Das Urmodell ist der japanische Tauchzuber, der kürzer und höher ist als europäische Wannen, sodass man beim Baden aufrecht sitzt und bis zum Kinn eintaucht. Holzwannen werden von der Stange angeboten, man kann sie auch individuell fertigen lassen. Gut geeignet sind harzarme, von Natur aus wasserfeste Hölzer wie Zeder und Teak, Kastanie, japanische Zypresse und Schwarzkiefer, von denen manche sehr angenehm duften.

Bei Holzwannen müssen die Nähte sehr sorgfältig gearbeitet sein, damit sie dicht bleiben. Trotzdem sollten solche Wannen immer voll Wasser stehen, damit das Holz nicht austrocknet, schrumpft und reißt. Weil Holz ausgezeichnet isoliert, braucht man nur einen Deckel aufzulegen und das Wasser bleibt bis zum nächsten Tag warm.

Holzbadewannen halten dennoch nicht ewig und müssen nach einiger Zeit ersetzt werden. Wer sich für eine Holzwanne entscheidet, sollte nach japanischer Art vorher duschen, um nicht in schmutzigem Wasser zu liegen.

Beton und Steinfliesen

Betonwannen werden von Spezialfirmen an Ort und Stelle gegossen oder in einer Holzschalung hergestellt. Bei der Entscheidung muss, wie bei Stein, der Aspekt des Gewichtes im Vordergrund stehen. Normalerweise werden Betonwannen mit einem Spezialverputz überzogen, wie man ihn auch für Schwimmbecken verwendet. Eine beliebte Alternative sind Mosaikfliesen.

Glas

Glaswaschbecken findet man inzwischen in vielen Sanitärgroßmärkten, Glasbadewannen hingegen sind noch etwas exklusiver. Unabhängig von Form und Modell ist eine Glaswanne immer ein Blickfang, und das transparente Material passt ausgezeichnet zu Wasser. Die meisten Wannen werden nach Kundenspezifikation hergestellt. Sie bestehen aus gehärtetem Glas, das man auch für große Aquarien oder Sichtscheiben in Schwimmbecken benutzt. Die Nahtstellen werden mit einem transparenten Spezialmaterial versiegelt, sodass Rahmenkonstruktionen überflüssig sind.

Spezialausstattung

Der Fachhandel bietet eine Fülle verschiedener Wellness-Badewannen an, vom Whirlpool bis zur Chromotherapie-Wanne, in der man nicht nur in Wasser, sondern auch in Farbe badet (siehe Seite 111). Hydrotherapie-Zubehör lässt sich auch in konventionelle Wannen einbauen. Recht neu auf dem Markt sind Überlaufwannen. Streng genommen handelt es sich um eine Wanne in der Wanne, bei der das Wasser über den Rand fließt und dann versteckt abläuft (siehe Seite 114).

OBEN Der letzte Schrei ist diese Überlaufwanne aus gehärtetem Glas mit einem Einsatz aus Corian. Das Wasser tropft über das Fußende auf ein Kieselbett, das den Abfluss versteckt. OBEN RECHTS Die nach Maß gebaute quadratische Wanne mit Blick in den Garten ist mit kleinen Mosaikfliesen verkleidet. In der Abenddämmerung verschwimmen die Grenzen zwischen Innen- und Außenraum. RECHTS Wenn der Boden tragfähig genug ist, kann man sich eine Betonwanne an Ort und Stelle gießen lassen.

LINKS Glaswaschbecken sehen zweifellos glamourös aus. Hier verwandelt der von innen beleuchtete Unterbau das Waschbecken in einen schimmernden Blickfang.

RECHTS Alte Waschbecken wirken hübsch und nostalgisch – hier ein emailliertes Stahlbecken mit altmodischen Wasserhähnen.

GANZ LINKS Der an der Wand montierte längliche Keramiktrog ist groß genug, dass sich zwei Personen gleichzeitig waschen können. Das ist vor allem zu Stoßzeiten in größeren Haushalten praktisch.

WASCHBECKEN

Der Kauf eines Waschbeckens ist heute eine viel komplexere Herausforderung als zu Zeiten, als die Farbe die einzige Variable war. Inzwischen gibt es Waschbecken in verschiedensten Größen, aus Materialien von Holz bis Glas und in allerlei dekorativen Formen. Doch wenngleich das Waschbecken heute die Rolle eines Blickfangs spielt, dürfen Aspekte wie Pflege, Haltbarkeit und Alltagstauglichkeit nicht vernachlässigt werden.

Die Funktion ist eine wichtige Überlegung und es müssen mehr Details bedacht werden als man vordergründig vermutet. Waschen Sie sich die Hände unter fließendem Wasser oder setzen Sie lieber den Stöpsel ein? Möchte sich jemand am Waschbecken rasieren? Wollen Sie im Waschbecken gelegentlich empfindliche Kleidungsstücke waschen? Muss es eventuell von zwei Personen gleichzeitig benutzt werden – wäre vielleicht ein Doppelwaschtisch praktischer? Ein Waschbecken im Hauptbadezimmer wird häufiger benutzt als eines im Gäste-WC, darum sollte es vor allem leicht zu reinigen sein.

Die Größe kann täuschen. Eine Schale auf einer Platte wirkt meist leichter und kleiner als ein Waschbecken, das in einen Waschtisch oder eine Ablagefläche eingelassen ist. Tatsächlich können sich beide in Bezug auf Wasseroberfläche und -volumen durchaus gleichen. Kleine Waschbecken brauchen weniger Platz, bergen aber die Gefahr, den Fußboden zu bekleckern, wenn sie nicht nur zum gelegentlichen Händewaschen benutzt werden.

Die Höhe ist eine weitere Variable. Bei Becken mit passender Säule ist sie natürlich vorgegeben, bei allen anderen kann man die bequemste Höhe selbst wählen. Bedenken Sie aber, dass hängende Waschbecken an einer soliden, tragfähigen Wand oder an speziellen Metallhaltern montiert werden müssen. Abgesehen von den Schalenmodellen haben die meisten Waschbecken bereits Bohrungen für die Armaturen. Bei manchen ist eine Bohrung für eine Mischbatterie vorgesehen, andere haben drei Bohrungen für den Hand- sowie die Kalt- und Warmwasserregler, gelegentlich stehen auch beide Versionen zur Wahl.

Waschbecken-Typen

Besonders beliebt sind Waschbecken, die in eine Ablageplatte oder einen Unterschrank eingebaut werden. Es gibt sie in verschiedenen Formen und Größen und sie sind vor allem in Bädern praktisch, in denen Stauraum benötigt wird. Ganz oder halb eingebaute Waschbecken kann man in jeder Höhe installieren. Ganz eingebaute Modelle werden in der Platte oder dem Unterschrank versenkt, sodass nur ein schmaler Rand sichtbar bleibt. Halb versenkte Waschbecken stehen vorn über den Unterbau vor. Noch unauffälliger sind Unterbau-Waschbecken, die unter einer Arbeitsplatte montiert werden. Sie haben eine unglasierte Oberkante, auf der eine wasserdichte Versiegelung gut haftet. Weil sie nahezu nahtlos eingebaut werden, lassen sie sich besonders gut reinigen.

Ein weiterer Standardtyp ist das Waschbecken mit Standsäule – entweder aus einem Guss oder in zwei Teilen, die zusammengefügt werden. Die Säule ist hohl und dient dazu, die Rohranschlüsse zu verstecken. Weil sie recht auffällig ist, sollte man ein dazu passendes Toilettenbecken wählen.

Es gibt Säulen in verschiedenen Stilen, von nostalgisch bis modern. Alle haben aber den Nachteil, dass sie die Montagehöhe des Waschbeckens vorgeben (meist zwischen 850 und 900 Millimeter).

Flexibler sind Wandwaschbecken mit Halbsäule, die den Geruchsverschluss verdeckt, aber nicht bis zum Boden reicht. Halbsäulen werden am Waschbecken, an der Wand oder an beiden Elementen befestigt. Für kleine Handwaschbecken ohne Säule oder Halbsäule gibt es recht ansehnliche Geruchsverschlüsse aus Edelstahl, die zu den Wasserhähnen passen. Sie eignen sich auch für kleine Bäder, in denen es auf jeden Zentimeter Bodenfläche ankommt.

Der neueste Trend knüpft erstaunlicherweise an die Zeit des Waschgeschirrs im Badezimmer an, das aus einer Porzellanschale und einem Krug bestand. Seit Philippe Starck solche modernen Waschschüsseln im Jahre 1995 für das Delano-Hotel in Miami gestaltete, war ihr Siegeszug kaum zu bremsen. Waschschüsseln haben in der Mitte einen Abfluss. Sie werden entweder auf eine Platte oder einen Unterschrank gestellt oder mit Haltern an der Wand montiert. Die Wasserhähne werden grundsätzlich an der dahinter

OBEN Zwei identische Unterschränke mit versenkten Waschbecken sehen sauber und ordentlich aus. Die Schränke bieten Stauraum und verstecken zugleich die Anschlüsse.
LINKS Claudio Silvestrins Steinwaschschüssel in einer Steinplatte: ein elegantes Spiel mit den geometrischen Grundformen der Kugel und der Fläche.
RECHTS Philippe Starcks erste Badezimmerserie Edition 1. Inspirationsquelle für den konischen Birnenholz-Waschtisch war die schlichte Grundform des Eimers.

liegenden Wand installiert und müssen so lang sein, dass ihr Auslass genau über den Abfluss liegt. Andernfalls ist die Spritzgefahr zu groß. Waschschüsseln haben keinen Überlauf, darum ist ein feines Abflusssieb notwendig.

Der Reiz dieser Waschschüsseln liegt vor allem in ihrer dekorativen Form und den interessanten, taktilen Materialien, aus denen sie hergestellt werden. Weil sie so schlicht und unauffällig sind, lassen sie Räume automatisch größer wirken. Und weil sie höher montiert werden als Standardwaschbecken, muss man sich bei der Benutzung weniger bücken und spritzt kaum. Es ist auch möglich, solche Schüsseln in die oberste Schublade einer Kommode einzubauen oder auf einem Tisch zu montieren.

Recht neu auf dem Markt sind auch extraflache »Waschplatten«, bei denen das Wasser auf eine nahezu ebene Fläche fließt und ähnlich wie bei einer Überlaufwanne über den Rand abläuft. Zu einem Modell wird eine Schale mit einem Loch im Boden angeboten. Darin sammelt sich genug Wasser, um sich zu waschen, anschließend wird die Schale weggeräumt. Das ständige, leise Tropfgeräusch dieser Waschplatten ist zwar ähnlich beruhigend wie ein Zimmerbrunnen, doch verbrauchen sie relativ viel Wasser.

Auch Waschbecken kann man sich bei verschiedenen Herstellern individuell nach Maß fertigen lassen. Das ist sinnvoll, wenn man ein ungewöhnliches Material oder eine unübliche Form oder Größe wünscht. Schmale Waschrinnen, die sich über eine ganze Wand ziehen und mit mehreren Wasserhähnen ausgestattet sind, können in einem Familienbad besser aussehen als separate Waschbecken.

Wer es nostalgisch liebt, kann sich bei Baustoffrecyclern oder Händlern für historische Baumaterialien auch nach alten Waschbecken umsehen. Das Angebot reicht von noblen Waschbecken, die einst die Bäder großer Hotels geziert haben, bis zu praktischen Ausgussbecken aus Labors und Krankenhäusern, die in ein Industrieambiente passen können. Falls die Bohrungen nicht zu heutigen Armaturen und Abflussrohren passen, muss man eventuell auch altes Zubehör erwerben.

Material und Pflege

Trotz der modernen Trends bestehen die meisten Waschbecken noch immer aus Keramik oder glasiertem Porzellan, weil diese Materialien viele praktische Vorteile haben. Für eine Küchenspüle, die stärker strapaziert wird, ist Keramik zu empfindlich, im Badezimmer jedoch bleibt es jahrelang ansehnlich und ist obendrein pflegeleicht und hygienisch.

Fällt allerdings ein schwerer Gegenstand in ein Keramikwaschbecken, entsteht ein irreparabler Riss. Das Farbspektrum ist riesig, und wenn es auf die genaue Abstimmung ankommt, sollten Sie ein Musterstück in Ihrem eigenen Bad begutachten. Generell passen die Sanitärobjekte einer Serie farblich gut zusammen, schwieriger wird es allerdings, wenn man etwa ein Waschbecken aus einer Serie und eine Toilette aus einer anderen wählt.

Waschbecken aus Glas, Naturstein, glasierter Terrakotta, Stahl, Kupfer oder Holz sind zweifelsfrei innovativ und auffällig. Zum perfekten Blickfang werden sie, wenn man sie von oben oder unten gezielt anstrahlt. Ein Waschbecken aus einem ungewöhnlichen Material mag in taktiler Hinsicht seinen Reiz haben, Pflege und Haltbarkeit sind jedoch manchmal problematisch.

Hochwertige Glaswaschbecken sind mit einer eingebrannten Silikonbeschichtung versehen, durch die sie sich leichter reinigen lassen. Dennoch sind Glaswaschbecken nicht sonderlich strapazierfähig. Naturstein fühlt sich wunderbar an, kann aber platzen, wenn er starker Hitze ausgesetzt ist – etwa, wenn man das Waschbecken für ein Gesichtsdampfbad benutzt. Edelstahl ist ungemein robust, verkratzt nicht und wird nicht fleckig. Darum ist er für absolut funktionale Bereiche wie die Waschräume in Krankenhäusern und Gefängnissen beliebt. Wasser- und Zahncremeflecken können aber lästig sein. Besonders unempfindlich ist matter, gebürsteter Edelstahl. Holzwaschbecken bestehen oft aus Bootsbausperrholz, das in Eiche-, Teak- oder Wengé-Farbtönen gebeizt ist. Ein echtes Teakwaschbecken ist durchaus praktisch und angenehm zu benutzen.

OBEN Auch Waschbecken sind heutzutage ein Thema für moderne Designer – hier ein Modell von Mark Newson für Ideal Standard. **OBEN RECHTS** Die schmale Waschrinne aus Edelstahl erinnert an die nüchterne Funktionalität öffentlicher Waschräume. **GANZ LINKS** Manche Glaswaschschüsseln sind mit einer Wasser abweisenden Beschichtung versehen. Der Auslass des Wasserhahns muss genau über dem Abfluss liegen, um Spritzer zu vermeiden. **OBEN LINKS** Holzwaschbecken bestehen oft aus wasserfest verleimtem Sperrholz. Teakholz ist von Natur aus wasserbeständig.

TOILETTEN & BIDETS

Es ist schon erstaunlich, welche Vielfalt von Begriffen die Menschen erdacht haben, um das stille Örtchen nicht bei seinem schlichten Namen zu nennen. Selbst Benimmbücher haben sich immer wieder damit beschäftigt, welche Bezeichnungen als akzeptabel gelten dürfen und welche nicht. Allein an den Veränderungen der Sprachkultur lässt sich einiges über die Genierlichkeit der Menschen bezüglich ihrer Körperfunktionen ablesen. Während die »vornehme« Sprache früher hauptsächlich auf Vermeidungsformeln und Euphemismen zielte, hat der volkstümliche Sprachgebrauch regional eine Fülle von eher derben und manchmal humoristischen Begriffen hervor gebracht.

Abgesehen von der Terminologie ist die Toilette – oder das WC, wie es in Katalogen heißt – das komplizierteste Sanitärobjekt und war bis vor kurzem im Design ausgesprochen konservativ. Die Spültechniken wurden zwar im Lauf der Jahre verändert und perfektioniert, Aussehen und Stil hinken jedoch hinterher. Adamsez schaffte in den späten 1960er-Jahren einen Durchbruch und bietet noch heute ungewöhnlich elegante Toiletten und Bidets an. Auch Philippe Starck darf man auf diesem Gebiet als Pionier bezeichnen. Nachdem er seine erste Badezimmerserie vorgestellt hatte, deren Toilette sich an der simplen Form des Eimers orientierte, haben sich auch andere Designer des Themas angenommen. Heute widmet man der Gestaltung von Toiletten und Bidets ebenso viel Aufmerksamkeit wie den Waschbecken und Badewannen.

Weil eine Toilette direkt an das Abwasserrohr angeschlossen werden muss, ist die Flexibilität der Platzierung eingeschränkt. Und dadurch wiederum können sich Einschränkungen bei der Modellwahl ergeben.

Spülsysteme
Zur Spülung einer Toilette muss eine gewisse Wassermenge mit ausreichendem Druck ins Becken strömen. Das kann auf zweierlei Weise geschehen. In alten Häusern findet man gelegentlich noch das Siphon-System, das im 19. Jahrhundert entwickelt wurde. Wird die Spülung betätigt, wird der Siphon geöffnet und der atmosphärische Druck befördert das Wasser durch ein U-förmiges Rohr in das Toilettenbecken. Der Nachteil dieses Systems besteht darin, dass der erste Liter Wasser noch keinen ausreichenden Druck aufweist und erst die folgende Wassermenge die eigentliche Spülung erledigt.

Wesentlich verbreiteter sind heute Ventilsysteme. Wird die Spülung betätigt, meist durch Druck auf einen Knopf auf der Oberseite des Spülkastens, öffnet sich ein Ventil an der Unterseite des Spülkastens und sein Inhalt strömt direkt ins Toilettenbecken. Weil der Wasserdruck bei dieser Technik höher ist und das Wasser schneller ins WC-Becken strömt, braucht man für eine effektive Spülung weniger Wasser. Dadurch können die Spülkästen kleiner sein und der Spülvorgang ist leiser.

Lange Zeit hatte das Ventilsystem den Ruf, anfällig für Leckagen zu sein. Inzwischen wurden aber die Herstellungstechniken perfektioniert und bessere Dichtungsmaterialien entwickelt, sodass solche Befürchtungen unbegründet sind. Viele moderne Ventil-Spülkästen sind heute mit zwei Tasten ausgestattet, mit denen sich die Menge des abgegebenen Wassers bestimmen lässt.

Wasserverbrauch
Wegen der Notwendigkeit zum sparsamen Umgang mit Wasser, die in Zukunft sicherlich zunehmen wird, ist in einigen Ländern das maximale Volumen von Spülkästen bereits gesetzlich festgelegt. In England, den USA und Teilen Europas beispielsweise wurde das Volumen von 7,5 auf 6 Liter reduziert und es ist nicht auszuschließen, dass der Grenzwert künftig bis auf 4,5 Liter gesenkt wird. Allerdings gelten diese Vorschriften nur für neu instal-

RECHTS Ein Wand-WC, dessen Spülkasten hinter einem Paneel oder einer falschen Wand versteckt ist, sieht sehr ordentlich aus. Hier wurde in die Verkleidung eine Nische eingebaut, in der einige Taschenbücher Platz finden.

LINKS Dieses liebevoll restaurierte viktorianische Bad mit dem hoch hängenden Spülkasten und dem Holzsitz macht verständlich, wie die Toilette zu ihrem Namen »Thron« kam.
RECHTS Der kleinste Raum im wahrsten Sinn des Wortes: ein Stand-WC in einem Wandschrank mit antiken Türen.
UNTEN Eine Glasscheibe trennt das moderne Stand-WC mit dem verkleideten Spülkasten und dem edlen Druckknopf vom restlichen Bad.

lierte Spülkästen, nicht für vorhandene Modelle. Früher waren die Spar-Spülkästen sehr ineffizient, was zur Folge hatte, dass viele Menschen zweimal spülten – und somit kein Wasser sparten. Neue Modelle weisen solche Mängel nicht mehr auf.

Bestandteile der Toilette

Die beiden Hauptbestandteile einer Toilette sind der Spülkasten und das eigentliche Toilettenbecken. Je weniger Elemente und Anschlüsse sichtbar sind, desto unauffälliger wirkt das WC und desto einfacher lässt es sich reinigen. Bei alten Toiletten hängt der Spülkasten hoch an der Wand und ist durch ein langes Rohr mit dem Toilettenbecken verbunden. Reproduktionen solcher Modelle sind noch heute erhältlich. Üblicher sind tief hängende Spülkästen mit einem kurzen Verbindungsrohr. Meist werden sie in 800–900 Millimeter Höhe montiert. Weil sich das Toilettenbecken vor dem Spülkasten befindet, nehmen diese Modelle mehr Bodenfläche ein als Typen mit hoch hängendem Spülkasten. Extraflache, Platz sparende Spülkästen bestehen meist aus Kunststoff und können hinter einer Verkleidung versteckt werden. WC-Kombinationen mit integriertem Spülkasten sind ebenfalls erhältlich, auch Eck-WCs für ungünstig geschnittene Räume werden angeboten.

Strömt bei Betätigung der Spülung ein Wasserschwall aus dem Spülkasten, schießt er um den Rand des Toilettenbeckens und verschwindet im Abfluss, vor dem ein Geruchsverschluss montiert sein muss. In Amerika werden auch Toiletten mit einer integrierten Belüftung hergestellt, die unangenehme Gerüche reduzieren. Toiletten, deren Abfluss nach dem Unterdruckprinzip funktionierte, sind heute weitgehend außer Gebrauch gekommen, weil sie anfälliger für Verstopfungen sind.

Bei Toilettenbecken unterscheidet man zwischen Stand- und Wandmodellen. Standmodelle haben entweder einen Fuß oder einen durchgehenden Sockel. Wand-WCs können an einer soliden Mauer befestigt werden, andernfalls wird ein Montagerahmen aus Metall verwendet und hinter einer Verkleidung verborgen.

Bequemlichkeit

Bequemlichkeit ist ein relativer Begriff, das gilt auch für Toiletten. Überwinden Sie Ihre Hemmungen und probieren Sie im Geschäft verschiedene Modelle aus um festzustellen, auf welchem Sie am besten sitzen. Ein Kriterium ist die Höhe. Die standardisierte Höhe von Stand-WCs ist auf Menschen durchschnittlicher Größe zugeschnitten, kann aber für größere oder kleinere Personen unpraktisch sein. Kinder sind ein klassisches Beispiel. Wandhängern kann man in einer Höhe montieren lassen, die der Körpergröße am besten entspricht.

Niedrige Toiletten standen lange in dem Ruf, die Darmperistaltik anzuregen, weil man auf ihnen zwangsläufig eine nahezu hockende Position einnimmt.

Allerdings haben Personen aus Kulturen, in denen eine hockende Haltung üblich ist, oft Mühe, sich an die typisch westlichen, eher hohen Toiletten zu gewöhnen – und umgekehrt. Niedrige Toiletten sind wegen der Spritzgefahr unpraktisch für Männer, die sich nicht immer setzen möchten. Flachspüler, die vor allem in Deutschland verwendet werden, treten eindrucksvoll den Beweis an, dass sich Spritzer nicht vermeiden lassen, sofern man nicht perfekt zielt. Für die Bequemlichkeit spielt auch die Beinfreiheit vor und neben dem Becken eine wichtige Rolle. Für Raumspar-WCs gibt es spezielle Sitze, die sich um 45 Grad nach links und rechts drehen lassen.

Auch Form und Kontur des Toilettensitzes sind ein entscheidender Faktor für die Bequemlichkeit. Aus Japan stammen die raffiniertesten Modelle mit eingebauter Heizung und integrierten Wasser- und Warmluftdüsen, die die pro-

fane Toilette in ein Kombimodell aus WC und Bidet verwandeln. Richtig eingestellte Sitzscharniere stellen sicher, dass sich der Sitz mit der Zeit nicht lockert. Hydraulische Scharniere, die den Sitz langsam (und leise) schließen, sind ebenfalls erhältlich.

Materialien

Die Standardmaterialien für Toiletten und Bidets sind nach wie vor Keramik und glasiertes Porzellan, Spülkästen bestehen aus Porzellan oder Kunststoff. Edelstahltoiletten, wie man sie aus Krankenhäusern oder Flugzeugen kennt, werden ebenfalls angeboten. Manche haben einen integrierten Sitz, alternativ kann ein transparenter Acrylsitz montiert werden. Die meisten Toilettensitze bestehen aus undurchsichtigem Acryl, aber auch Holzsitze sind sehr beliebt.

Bidets

Das Bidet ist in Europa schon seit einigen Jahrzehnten durchaus verbreitet, während es in englischen und amerikanischen Bädern noch ein recht neues Element ist. Dennoch ist es meist das Objekt, auf das am ehesten verzichtet wird.

Moderne Duschen und wesentlich verbesserte Körperpflegegewohnheiten haben zwar dafür gesorgt, dass man ein Bidet streng genommen nicht braucht, dennoch ist es einfach hygienischer, sich nach der Benutzung der Toilette zu waschen, statt sich einfach mit Papier zu säubern. Bidets bestehen, wie Toiletten, aus Keramik oder Porzellan und sind optisch meist auf diese abgestimmt. Es gibt Stand- und Wandmodelle. Bei Standardmodellen setzt man sich vor die Wasserhähne, folglich muss bei der Installation ausreichend Beinfreiheit berücksichtigt werden. Neuere Modelle haben Sprühdüsen oder einen umlaufenden Rand, durch den Wasser fließt. In jedem Fall sollte das Bidet aus praktischen Gründen gleich neben der Toilette installiert werden.

OBEN Früher waren Toiletten recht unspektakulär, Unterschiede zwischen verschiedenen Serien waren kaum zu erkennen. Dieses WC mit passendem Bidet zeigt, dass man sich inzwischen beim Design ähnlich viel Mühe wie bei Waschbecken und Badewannen gibt. Wenn ein Bidet gewünscht ist, sollte es immer neben dem WC platziert werden. OBEN LINKS Sanitärobjekte aus Metall wie dieses Wand-WC aus Edelstahl wurden ursprünglich für Krankenhäuser, Gefängnisse und ähnliche Einrichtungen entwickelt. Sie passen aber auch in ein High-Tech-Ambiente wie hier mit glänzend schwarzen Fliesen und weißen Fugen.

OBEN Geschwungene Duschabtrennungen können sehr attraktiv sein. Diese Dusche mit den verputzten Wänden wirkt wie eine natürliche Grotte. Für solche Zwecke muss ein wasserfester Verputz verwendet werden.

LINKS Eine nach Maß gefertigte Wanne mit wasserfest verputzter Umgebung und einem Duschkopf an einem langen, gebogenen Rohr. Die Armatur ist mit einem Umsteller ausgerüstet, sodass man nach Wunsch duschen oder die Wanne füllen kann.

RECHTS Das Angebot an Armaturen im traditionellen Stil ist groß, hier passen sie perfekt zur antiken Gusseisenwanne. Zwei Duschvorhänge sind mit Ringen an einem Metallbogen angebracht, der an der Decke hängt. Beim Duschen muss der Vorhang in die Wanne gehängt werden.

DUSCHEN & DUSCHKÖPFE

Duschen ist eine schnelle, effiziente und ausgesprochen hygienische Form der Körperpflege, weil Schmutz und Seifenschaum sofort vom fließenden Wasser weggespült werden. Die Anforderungen an eine Dusche sind aber individuell sehr verschieden. Manche Menschen möchten nur überall nass werden, andere haben erst »richtig« geduscht, wenn der prasselnde Wasserstrahl sie beinahe gegen die Wand der Duschkabine presst. Solche Vorlieben können auch von der Tageszeit abhängig sein. Am Morgen kann ein feiner Regen sanft belebend wirken, während man sich am Abend einen stärkeren Massageeffekt wünscht, um die Anspannungen des Tages zu lösen.

In manchen alten Häusern ist unter dem Dach noch ein Wasserspeicher eingebaut, der die Zapfstellen versorgt. Damit der Druck in solchen Fällen für eine Dusche ausreicht, muss zwischen dem Boden des Wasserspeichers und dem Duschkopf ein Abstand von mindestens 3–4 Metern vorhanden sein. Trotz der Unterstützung der Schwerkraft wird man auch einen größeren Duschkopf brauchen. Reicht der Wasserdruck zum Duschen nicht aus, muss eine zusätzliche Pumpe installiert werden. In den meisten neueren Häusern ist das komplette interne Wasserverteilungsnetz aber mit dem öffentlichen Netz verbunden, sodass überall ein verlässlicher, hoher Wasserdruck herrscht.

Ob eine Pumpe eingebaut werden kann, hängt auch von der Technik der Warmwasserbereitung ab. Manche Boiler erhitzen nur 25 Liter Wasser pro Minute, und eine kräftige Massagedusche kann durchaus mehr verbrauchen. Darum sollten Sie vor der Anschaffung immer einen kompetenten Installateur fragen, ob eine Pumpe erforderlich und ihr Einbau technisch machbar ist.

Duschen gilt zwar als Wasser sparende Art der Reinigung, allerdings verbrauchen moderne Massageduschen sehr viel mehr Wasser als konventionelle Modelle. Wird in einem Haushalt die Powerdusche mehrmals täglich in Gang gesetzt, kann der Wasserverbrauch leicht den bei gleicher Anzahl von Wannenbädern übersteigen.

Duschabtrennungen

Das Spektrum der Möglichkeiten ist groß, darum sollten Sie schon frühzeitig entscheiden, ob Sie eine Dusche oder einen Nassraum bauen wollen, ob der Duschkopf über der Wanne installiert wird oder die Dusche vielleicht nicht ins Bad, sondern ins Schlaf- oder Ankleidezimmer integriert werden soll. Bei einem Nassraum sind hinsichtlich der Abdichtung besondere Kriterien zu berücksichtigen (siehe Seite 94), alle anderen Duschen müssen zumindest so weit abgeschirmt werden, dass man die Umgebung nicht unter Wasser setzt. Außerdem ist ein ausreichender Abstand zu anderen Einbauten und Sanitärobjekten sinnvoll.

Eine einfache Lösung, die wenig Platz braucht, ist eine Brause über der Badewanne und ein Duschvorhang oder eine feste Duschabtrennung. Beide Lösungen sind nicht vollkommen wasserdicht. Ferner kann man zwischen einem fest installierten Duschkopf mit Rohr und einer Handbrause mit Schlauch wählen. Wer beide Möglichkeiten wünscht, muss eine Armatur mit Umsteller installieren lassen. Wichtig ist ein rutschfester Wannenboden oder wenigstens eine

Gummimatte im Bereich der Dusche. Duschkabinen und -abtrennungen werden normalerweise aus Sicherheitsglas hergestellt, das im Bruchfall ähnlich wie eine Windschutzscheibe in kleine, relativ harmlose Stückchen zerfällt. Es gibt Dreh-, Schwing-, Pendel- und Schiebetüren, außerdem Duschkabinen mit einer Glaswand und einer Tür, die in eine Raumecke eingebaut werden. Rahmenlose Duschkabinen, die sehr schlicht und minimalistisch wirken, sind ebenfalls erhältlich. Undichte Fugen und schlecht abgedichtete Wandanschlüsse sind typische Probleme von Duschkabinen, darum sollte beim Einbau besonders auf die Anschlussfugen geachtet werden. Bei frei stehenden Komplettduschen treten solche Probleme selten auf, weil sie meistens nahtlos aus einem Stück gefertigt werden. Duschwannen gibt es in verschiedenen Größen und Materialien. Eine Massagedusche verlangt einen großen Abfluss, der die Wassermengen bewältigen kann. Es gibt auch überbreite Duschwannen für zwei Personen. Keramik-Duschwannen gelten als hochwertig, stabil und durabel. Emaillierter Stahl ist rutschig, und ist die Wanne der Rutschfestigkeit wegen geriffelt, lagern sich leicht Kalk und Schmutz ab. Nach Maß gebaute Natursteinwannen sind teuer, man kann die Oberflächen aber gezielt bearbeiten, um die Rutschsicherheit zu erhöhen und den Abfluss zu verbessern. Ähnliche Möglichkeiten bietet auch wasserresistentes Hartholz.

Denken Sie an ausreichend Ablagen für Shampoo, Duschgel und andere Produkte. Fehlen Ablagemöglichkeiten, muss man die Flaschen auf dem Boden der Dusche abstellen, wo sie die Rutsch- und Stolpergefahr vergrößern.

OBEN Diese schön gearbeitete, bodenebene Doppeldusche liegt hinter einer Scheibe aus Sicherheitsglas. Die großen Duschköpfe mit integrierter Beleuchtung sind bündig in die Decke eingelassen. OBEN RECHTS Eine gerundete Milchglasscheibe bildet die nahtlose Duschabtrennung über einer Stahlwanne. RECHTS Milchglasscheiben schirmen die Dusche optisch ab, lassen aber Licht durch. Über der Duschwanne liegt ein Rost aus Teakholzleisten, die sich angenehm anfühlen und Halt geben. In der Nische ist Platz für Körperpflegeprodukte und Utensilien.

Duschköpfe und Düsen

Größe, Form und Design von Duschköpfen variieren erheblich, das Spektrum reicht von stattlichen Brausen bis zu kleinen, einstellbaren Düsen. Bei fest an der Wand installierten Duschköpfen kann das Rohr sichtbar oder in der Wand versenkt sein. Handbrausen mit Schlauch werden auf einen Halter gesteckt, dessen Höhe sich auf einer Stange individuell verstellen lässt. Gängige Materialien sind Chrom, Messing oder Nickel. Bei manchen Duschköpfen lässt sich auch die Art des Wasserstrahls verstellen. In den meisten Fällen wird dem Wasser dabei Luft zugesetzt, sodass sich der Wasserverbrauch verringert und der Strahl sich auf der Haut seidiger anfühlt. Die Intensität des Strahls kann von feinem Nieselregen bis zu kräftigem Prasseln variieren. Unter übergroßen, an der Decke montierten Duschen fühlt man sich, als stünde man in einem tropischen Wolkenbruch. Die Minimalversion der Dusche ist nicht mehr als ein aufrecht stehendes Rohr mit abgewinkeltem oder gebogenem Ende, aus dem ein einfacher Wasserstrahl fließt. Die meisten Duschköpfe sind über dem Kopf des Benutzers angebracht. Dazu gibt es kleinere Düsen, die tiefer montiert und auf den Körper gerichtet werden. Umsteller erlauben die gezielte Auswahl zwischen Kopf- und Körperbrausen. Ähnlich funktionieren auch Duschpaneele mit kleinen, linear angeordneten Düsen, die meist paarweise an den Seiten der Dusche montiert werden.

Regler

Damit ein Duschbad angenehm ist, müssen sich Temperatur und Strahlstärke regulieren lassen. Der größte Nachteil konventioneller Armaturen für Wannen und Handbrausen besteht darin, dass sich die optimale Temperatur nur schwer einstellen lässt. Eine Dusche, die plötzlich eiskalt wird, kann den Kreislauf erheblich belasten, und eine, aus der unerwartet zu heißes Wasser tritt, kann gefährliche Verbrühungen verursachen. Wenn sich die Druckverhältnisse in den Warm- und Kaltwasserleitungen verändern, kommen solche Tem-

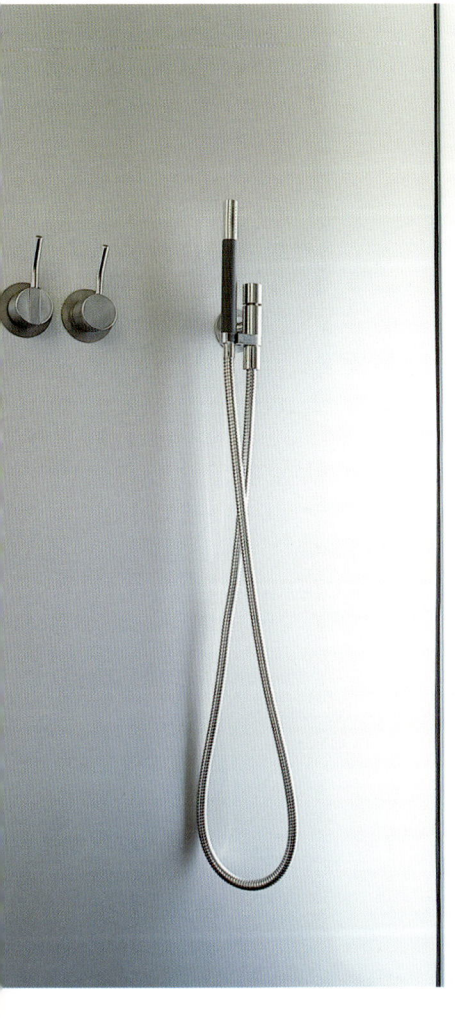

peraturschwankungen vor. Das kann beispielsweise geschehen, wenn während des Duschens die Spül- oder Waschmaschine Wasser aufnimmt.

Kontrollregler werden normalerweise an unter Putz verlegte Rohre angeschlossen, es gibt aber auch traditionelle Modelle für sichtbare Rohrleitungen. Einfache Armaturen regulieren nur die Temperatur. Bewegt man den Hebel oder Drehregler, verändert sich die Temperatur von kalt über warm bis heiß. Bei Thermostatventilen kann man die gewünschte Wassertemperatur einstellen, ehe man unter die Dusche steigt. Wenn Kinder die Dusche benutzen, kann es auch sinnvoll sein, solche Thermostatarmaturen außerhalb des eigentlichen Duschbereichs zu installieren.

Spezialausstattung

Für Duschen werden heute fast so viele Hydrotherapie-Funktionen angeboten wie für Wellness-Badewannen (siehe Seite 110).

Pulsierende Massagedüsen fördern die tiefe Entspannung und lassen sich bei einigen Modellen gezielt auf bestimmte Körperpartien richten. Daneben gibt es Modelle, aus deren Düsen abwechselnd heiße und kalte Wasserstrahlen strömen.

Sehr beliebt ist auch der Umbau einer Duschkabine in ein Dampfbad (siehe Seite 111), doch schon ein Klappsitz oder eine eingebaute Bank kann das Duschvergnügen deutlich vergrößern.

OBEN Auch im Bad geht der Trend zum schlichten, strengen Design. Diese Armaturen wurden von Arne Jacobsen für Vola entworfen. OBEN RECHTS Regen-Duschen lassen sich unterschiedlich einstellen, vom feinen Nieselregen bis zum tropischen Wolkenbruch. GANZ LINKS Ein traditioneller Duschkopf in Form einer übergroßen Brause liefert auch bei geringerem Druck ausreichend Wasser. LINKS Eine aufwändige Kombination aus verstellbarer Wanddusche, Körperdüsen und Handbrause.

WASSERHÄHNE

Zu einem guten Wasserhahn gehört viel mehr als das, was man mit bloßem Auge sehen kann. Wegen der verschiedenen Wasserversorgungssysteme unterscheiden sich auch die Hähne. Bei indirekter Versorgung ist der Wasserdruck eher niedrig, darum braucht man recht klobige Hähne, die in kurzer Zeit ausreichend Wasser abgeben, um ein Waschbecken oder eine Badewanne zu füllen. Die Hähne für direkte Wasserversorgung mit konstant hohem Druck sind zierlicher – dafür sind die Modelle, die Arne Jacobsen für Vola entworfen hat, ein gutes Beispiel.

Neben Stil und Material sind noch andere Aspekte zu berücksichtigen. Prüfen Sie vor allem, ob die gewünschten Armaturen und Sanitärobjekte zusammenpassen. Weil beide Produkte von verschiedenen Herstellern stammen, ist das nicht immer selbstverständlich. Alle Hähne müssen deutlich über den Rand von Wanne oder Becken ragen, damit nicht ständig Wasser daneben tröpfelt. Hohe oder an der Wand montierte Hähne sollten so lang sein, dass der Auslass möglichst direkt über dem Abfluss des Waschbeckens liegt. Andernfalls prasselt das Wasser auf die Seitenwand und spritzt beträchtlich. Zwei Maße sind also wichtig: die Höhe des Wasserhahns über dem Beckenrand und der Abstand zwischen Bohrung und Wasseraustritt.

Probieren Sie im Geschäft verschiedene Wasserhähne aus, ehe Sie eine Kaufentscheidung fällen. Es kommt nicht nur darauf an, dass sie zu den gewünschten Sanitärobjekten

OBEN LINKS Alle Regler sollten so geformt sein, dass sie sich auch mit nassen Seifenfingern leicht bedienen lassen. **OBEN RECHTS** Die schlichten Bögen der Schwanenhals-Wasserhähne bilden einen schönen Kontrast zu der strengen Geometrie des modernen Waschbeckens. Bei der Montage muss darauf geachtet werden, dass das Wasser problemlos abläuft und nicht über den Rand spritzt. **RECHTS** Ein sehr schlichtes, aber witziges Design mit zwei Knebelreglern und einem Wasserspeier.

passen. Wichtig ist auch, ob sie sich mit nassen Seifenhänden problemlos bedienen lassen. Menschen mit Greifschwierigkeiten (z.B. durch Arthritis) kommen mit Hebelreglern oft besser zurecht. Auch Umweltaspekte wollen bedacht sein. Für manche Armaturen werden Durchflussregler angeboten, für andere Einsätze, die Luft ins Wasser mischen.

Natürlich spielt der Stil eine Rolle. Man kann zwar bewusst Konventionen brechen, doch generell passen traditionelle Armaturen besser zu klassischen Wannen und Waschbecken, während die eher minimalistischen, modernen Wasserhähne gut mit zeitgemäßen Badewannen und Waschschüsseln harmonieren. Vergoldete Wasserhähne galten lange Zeit als protzig, Messingwasserhähne müssen häufig geputzt und poliert werden. In letzter Zeit setzen sich Edelstahlarmaturen gegenüber den gängigen verchromten oder vernickelten Modellen durch. Nickel wirkt etwas sanfter als Chrom, es ähnelt einer Versilberung und muss gelegentlich geputzt werden.

Waschbeckenarmaturen

Die preiswerteste Lösung ist ein Zweiloch-Waschbecken mit einem Kalt- und einem Warmwasserhahn. Man kann sie auch an einem Dreiloch-Waschbecken montieren, dann muss jedoch die mittlere Öffnung mit einem Stöpsel verschlossen werden.

Normalerweise installiert man an Dreiloch-Waschbecken Mischbatterien, bei denen kaltes und warmes Wasser zusammengeführt werden, ehe das nach Wunsch temperierte Wasser aus dem Hahn fließt. Der Stöpsel kann mit einem Stangenexzenter im Mittelhahn bedient werden oder einfach an einer Kette befestigt sein.

Die modernste Lösung sind Einloch-Waschbecken, an denen Mischbatterien mit Drehreglern oder einem Einhebelmischer montiert werden. Auch sie sind meist mit einem Stangenexzenter ausgestattet. Auch für Bidets sind solche Armaturen üblich, der Auslasshahn ist jedoch oft kürzer und mit einem schwenkbaren Endstück versehen.

Badewannenarmaturen

Badewannen fassen mehr Wasser als Waschbecken, darum müssen die Hähne so dimensioniert sein, dass das Füllen der Wanne nicht zu lange dauert. Man kann zwar an einer Badewanne separate Hähne für kaltes und warmes Wasser verwenden, angenehmer und bequemer ist aber eine Mischbatterie mit Drehreglern oder Hebel, bei der sich die Temperatur des austretenden Wassers einstellen lässt.

Es gibt verschiedene Typen von Wannenarmaturen für eine, zwei und drei Bohrungen. Modelle, bei denen Regler und Wasseraustritt separat platziert werden können, erlauben besonders viel Flexibilität hinsichtlich der Anordnung.

Kombinierte Wannen-Dusch-Armaturen haben zwei Regler (oder einen Einhebelmischer), einen mittigen Wasseraustritt sowie eine Handbrause mit Schlauch. Zum Wählen zwischen Wannen- und Duschfunktion muss ein Umsteller betätigt werden. Standard-Badewannen haben normalerweise ein Überlaufventil.

Wohin mit den Armaturen?

Generell gibt es nur zwei Arten von Armaturen – die erste wird direkt an den Sanitärobjekten montiert, die zweite anderswo. Werden Wasserhähne direkt an einem Waschbecken oder der Badewanne angebracht, muss darauf geachtet werden, dass genug Platz frei bleibt, um die Regler bequem zu drehen. Außerdem muss der Austritt weit genug über den Rand ragen, damit kein Wasser danebengehen kann.

Hähne und Regler, die an der Wand oder einer Verkleidung hinter dem Sanitärobjekt montiert werden, sehen ebenso wie am Boden montierte Zuläufe sachlich und modern aus. Solche Lösungen empfehlen sich vor allem für frei stehende Badewannen, edle Waschschüsseln und andere Elemente mit ausgeprägt klarer oder eleganter Form, die durch Wasserhähne eher gestört würde. Traditionell gehören vom Boden aufragende Wannen- und Ducharmaturen auch zu frei stehenden Rollrand-Badewannen. Reproduktionen alter Modelle sind in verschiedenen Versionen erhältlich.

OBEN LINKS Reproduktionen alter Wasserhähne passen gut zu traditionellen Badewannen und Waschbecken. **OBEN RECHTS** Den verchromten Waschbecken-Einhebelmischer von Philippe Starck gibt es in verschiedenen Höhen. Bei modernen Armaturen lassen sich Temperatur und Durchfluss mit einem einzigen Hebel regulieren. **UNTEN LINKS** Schlichter geht's nicht: ein simples Rohr über dem modernen Waschbecken. **UNTEN RECHTS** KV1 gehört zu einer modernen Armaturenserie, die Arne Jacobsen in den 1960er Jahren entworfen hat.

BELEUCHTUNG

Die Badezimmerbeleuchtung ist ein Thema für sich – das gilt für praktische und ästhetische Aspekte. Ganz vorn steht aber die Sicherheit. Wasser und Elektrizität können ein tödliches Gespann sein, und im Bad kommen die beiden einander gefährlich nahe. Aus diesem Grund dürfen im Bad nur Elektroanschlüsse und Geräte verwendet werden, die speziell für diesen Zweck geeignet sind. Den Einbau muss ein Fachmann vornehmen.

Weil das Bad ein Mehrzweckbereich ist, muss das Licht verschiedenen Aktivitäten und Stimmungen gerecht werden. Zum Rasieren und Schminken braucht man klares, helles Licht, zum Entspannen und Auftanken dagegen sanfte, stimmungsvolle Beleuchtung. Aus Sicherheitsgründen müssen Lichtquellen im Bad meist fest eingebaut sein – das wiederum setzt besonders sorgfältige Planung voraus. Im Gegensatz zu anderen Räumen der Wohnung kann man im Bad nicht einfach eine Lampe umstellen, um die Lichtwirkung zu verändern. Die Beleuchtung wird geplant, nachdem die Positionen der wichtigsten Einbauten festgelegt sind. Bedenken Sie dabei auch die Lichtverhältnisse in den angrenzenden Räumen. Schließt sich ein Bad ans Schlafzimmer an, sollte die Beleuchtung beider Räume miteinander harmonieren.

LINKS Hier erzeugen verschiedene Lichtquellen ein sanftes Raumlicht. In der Decke von Bad und Schlafbereich sind Fluter versenkt, im Bad selbst binden ein beleuchtetes Paneel und der seitlich angestrahlte Spiegel die Aufmerksamkeit. Das Licht fließt von einem Raum in den anderen.

OBEN RECHTS Schließt sich ein Bad direkt ans Schlafzimmer an, sollte sich weder der Stil noch die Beleuchtung beim Übergang zwischen den Bereichen abrupt verändern. Wandlampen und Deckenlampen mit Papierschirmen schaffen hier gemeinsam mit der von oben angestrahlten Wanne eine ruhige Stimmung.

RECHTS Die Strahler auf Bodenniveau betonen auf interessante Weise die Stufe zwischen Schlafbereich und Bad.

Sicherheit

Hinsichtlich elektrischer Anschlüsse und Geräte im Bad gibt es eine Fülle von Vorschriften. Lampenfassungen müssen mit einer Dichtung versehen sein, durch die keine Feuchtigkeit dringen kann. Außerdem sind bestimmte Mindestabstände zwischen Wasserzapfstellen und elektrischen Anschlüssen wie Steckdosen und Lichtschaltern vorgeschrieben. Lampen müssen ferner so angebracht sein, dass man sie von der Dusche oder Wanne aus nicht erreichen kann. Zu groß ist das Risiko, dass man während des Wechsels einer Glühbirne mit Wasser in Berührung kommen könnte. Hängelampen sind ungünstig, weil man sich an ihnen stoßen kann. Auch verstellbare Lampen, die man allzu leicht einmal mit feuchten Fingern anfasst, sind gefährlich. Zu den sichersten Badezimmerlampen gehören die altmodischen Modelle mit Zugschalter und Schnur. Weil Elektrizität in Feuchträumen ein so heikles Thema ist, sollten Sie alle Installationen von einem qualifizierten Fachmann ausführen lassen, der sich mit den entsprechenden Vorschriften auskennt.

Lichtquellen

Die gängigste Lichtquelle im Wohnbereich ist noch immer die Wolfram-Glühlampe. Sie wirft ein warmes, schmeichelhaft gelbliches Licht und passt gut zu einer klassischen, ruhigen Einrichtung. Lichtleisten mit mehreren Glühlampen sehen im Bad sehr gut aus. Halogenlampen dagegen geben

ein weißes Licht, das Farben nicht verfälscht und darum gern zur Beleuchtung von Geschäften verwendet wird. Halogenlampen passen auch gut in moderne Bäder. Niedervolt-Halogenlampen können im Badezimmer bedenkenlos benutzt werden, sofern die Fassungen gegen Feuchtigkeit abgedichtet sind. Leuchtstoffröhren warfen früher ein unangenehm grünliches Licht, inzwischen gibt es aber auch Weißlicht- und Warmtonröhren. Solche Lichtquellen empfehlen sich zum Einbau hinter einer Blendschutzleiste, etwa über dem Waschtisch. Die beste Lichtquelle ist natürlich das Tageslicht. Für normale Fenster empfiehlt sich satiniertes, gemustertes oder farbiges Glas, das ausreichend Licht durchlässt, aber keine Einblicke erlaubt. Ein fensterloses Bad könnte man durch einen verglasten Durchbruch in einer Innenwand oder eine Glastür aufwerten, um Licht aus einem Nebenraum »auszuleihen«.

Funktionslicht

Am Waschbecken und Spiegel braucht man besonders gutes Licht zum Schminken, Rasieren und für die Hautpflege. Sehr helles Licht kann zu grell sein, während allzu sanftes Licht zwar schmeichelhaft ist, aber seinen Zweck nicht erfüllt.

Die Richtung des Lichts ist ebenso wichtig wie seine Intensität. Kommt das Licht ausschließlich von oben, sehen Sie sich selbst verfälscht: Weil harte Schatten auf das Gesicht fallen, wirkt es um Jahre älter. Im Idealfall kommt das Licht von allen Seiten, das klassische Beispiel für diese Beleuchtung findet man in Theatergarderoben, wo die Spiegel mit einem umlaufenden Kranz aus Glühlampen eingerahmt sind. Um das Deckenlicht auszugleichen, reicht aber je eine Wandlampe rechts und links vom Spiegel. Praktisch sind auch Badezimmerspiegel und Spiegelschränke mit integrierter Beleuchtung.

Hintergrundlicht

Zu Zeiten, als das Bad noch eine stilfreie Zone war, fand man dort selten mehr als eine einsame Lampe mitten an der Decke. Kaum eine Beleuchtung wirkt so tödlich auf die Atmosphäre, weil sie jeden Raum zwangsläufig fade wirken lässt. Mehrere Lampen sind für den Raum viel schmeichelhafter, und jede einzelne muss nicht einmal stark sein, um insgesamt ein helles Licht zu erhalten. Bedenken Sie auch, dass viele Badezimmeroberflächen wie Keramik, Spiegel, Glas und Fliesen stark reflektieren – ein sanftes Licht verringert also die Blendgefahr. Ein Dimmer erlaubt variable Lichteffekte, Leuchtstoffröhren lassen sich allerdings nicht regulieren. Praktisch sind auch zwei Stromkreise im Bad: einer für das Hintergrundlicht und einer für das Funktionslicht.

Versenkte Deckenstrahler, die strategisch geschickt über den Badezimmerobjekten platziert sind, können ebenso praktisch wie stimmungsvoll sein. Nach oben gerichtete Wandstrahler lassen den Raum größer wirken, weil ihr Licht von der Decke reflektiert wird. Im Boden versenkte Spots, etwa in einer bodenebenen Dusche oder unter der Badewanne, können spektakulär aussehen.

OBEN Lichtquellen zu beiden Seiten des Badezimmerspiegels sind ideal, damit das Gesicht gleichmäßig ausgeleuchtet wird. Von oben einfallendes Licht wirft harte Schatten, sofern es nicht von einer hellen Fläche reflektiert wird. **RECHTS** Die Spiegelflächen reflektieren die versenkten Deckenstrahler und vervielfachen so das Licht.

Spezialeffekte

Lichtreflexe auf dem Wasser haben einen speziellen Zauber. Viele Hydrotherapie-Wannen sind darum mit einer Unterwasserbeleuchtung ausgestattet. Auch Faseroptik-Lampen eignen sich für interessante Lichtspiele. Das Licht wird durch dünne Glasfaser- oder Acrylstränge geleitet und ist nur an den Enden sichtbar. Die eigentliche Lichtquelle kann in beträchtlichem Abstand vom Bereich der Lichtabgabe liegen, darum lässt sich diese Beleuchtungstechnik problemlos mit Wasser kombinieren, etwa zum Beleuchten von Wasserhähnen oder Duschköpfen oder um das Innere einer Wanne mit zahllosen Lichtpunkten zu sprenkeln.

Manche Badezimmerelemente haben von hinten beleuchtete Plastikscheiben. Das angenehme Licht lässt eigentlich kompakte Elemente verblüffend leicht und transparent wirken.

Weniger technisiert und vor allem preiswerter sind Kerzen und Flammen. Schwimmkerzen im Badewasser und große Kaminkerzen auf dem Badewannenrand oder einem Glasbord wirken ungemein behaglich und entspannend. Duftkerzen sprechen obendrein den Geruchssinn an.

OBEN Licht und Wasser sind ein Paar voll Magie, Elektrizität und Wasser dagegen sind ein tödliches Gespann. Faseroptik ist die einzige Technik, mit der sich Wannen, Waschbecken und sogar Wasserhähne gefahrlos und doch stimmungsvoll beleuchten lassen.

LINKS Licht von oben kann blenden und hart wirken, wenn es nicht geschickt schattiert ist. Hier wird es durch einen breiten Milchglasring gestreut.

GEGENÜBER GANZ LINKS Eine beleuchtete Glastrennwand kann ein interessanter Raumteiler sein.

GEGENÜBER LINKS Kunststoffverkleidungen für Badewannen und Waschtische sind neuerdings mit einer integrierten Beleuchtung erhältlich, die solche Elemente viel leichter wirken lässt.

HEIZUNG

Es ist noch nicht lange her, dass Bäder nur minimal beheizt wurden – was zu ihrer unfreundlichen Atmosphäre erheblich beitrug. In kühlen und gemäßigten Regionen ist ein warmes Bad aber wichtig, schließlich möchte man sich in Ruhe ausziehen, nackt aus der Dusche steigen und barfuß über den Boden gehen, ohne sich gleich in der Arktis zu wähnen. Ich habe einmal einen kleinen Heizkörper unter der Gusseisenbadewanne einbauen lassen, der das Bad und die Wannenoberfläche auf eine angenehme Temperatur erwärmte und auch das Wasser länger warm hielt.

Es gibt drei Möglichkeiten, ein Bad zu heizen: mit einer versteckten Fußboden- oder Wandheizung, mit konventionellen Stand- oder Wandheizkörpern und mit heizbaren Handtuchhaltern. In allen Fällen brauchen Sie zur Installation die Hilfe eines Heizungsinstallateurs oder Elektrikers. An der Heizung sollten Sie keinesfalls sparen.

Eine Fußbodenheizung ist unauffällig, spart Platz und erwärmt auch anscheinend kalte Materialien wie Stein, Fliesen oder Beton. Heißwassersysteme nehmen mehr Platz ein als elektrische Fußbodenheizungen. Die Temperatur ist sehr gleichmäßig und kann darum eher niedrig eingestellt werden.

Ist im Bad ausreichend Bodenfläche vorhanden, kann man auch konventionelle Heizkörper in den Heizkreislauf der Wohnung integrieren lassen. Konvektionsheizkörper, die bis auf Fußleistenhöhe im Boden versenkt werden, sind besonders diskret. Ist der Platz knapp, können Wand- oder Senkrechtheizkörper eine gute Lösung sein. Es gibt sie in vielen Formen, etwa Spiralen oder Leitern. Schlanke Flach-heizkörper passen auch in flache Nischen, passende Hand-tuchstangen werden für viele Modelle als Zubehör ange-boten.

Sofern das Bad nicht sehr klein ist, reicht ein heizbarer Handtuchhalter selten aus, um den ganzen Raum zu heizen. Manche Modelle werden an den vorhandenen Heizkreislauf angeschlossen, andere werden mit Elektrizität betrieben und brauchen nur eine Steckdose. Kombimodelle sind ausge-sprochen praktisch, wenn die Heizung im Sommer aus-geschaltet wird, das Bad aber trotzdem geheizt werden soll. Heizbare Handtuchhalter werden auch passend zu manchen Armaturenserien angeboten.

Lüftung

Die hohe Luftfeuchtigkeit im Bad greift die Oberflächen stär-ker an. Anhaltende Feuchtigkeit verursacht Schimmel, den man meist an einem muffigen Geruch erkennt. Bei innen lie-genden Bädern muss unbedingt eine Belüftungsanlage ein-gebaut werden, um den Luftaustausch zu ermöglichen. Der Ventilator muss leistungsfähig genug sein, um das Luftvolu-men des Raums mehrmals in der Stunde zu erneuern. In gro-ßen Bädern mit einem oder mehr beweglichen Fenstern ist eine zusätzliche Lüftungsanlage nicht notwendig, kann aber sinnvoll sein, um Feuchtigkeit, Kondensation und Gerüche schneller verschwinden zu lassen. Praktisch sind Lüfter, die mit dem Licht eingeschaltet werden und sich einige Minuten nach dem Löschen des Lichts selbsttätig ausschalten.

GANZ LINKS Heizbare Handtuchhalter haben eine Doppelfunktion. In kleinen Bädern erleichtern sie die geschickte Ausnutzung des Platzes. **LINKS** Fast so gut wie ein heizbarer Handtuchhalter ist eine Hakenreihe über einem Heizkörper. In der aufsteigenden warmen Luft trocknen die Tücher schnell. **UNTEN** Der Wärmekasten ist eine neue Form der Badezimmerheizung. Regale und Kästen für Handtücher sind im Inneren mit Heizschlangen ausgestattet. **UNTEN RECHTS** Der säulenförmige Spiralheizkörper sieht reizvoll aus und braucht wenig Platz.

OBEN Damit ein Bad nicht gestückelt aussieht, muss Stauraum von Anfang an eingeplant werden. Hier bietet eine Reihe an der Wand aufgehängter Unterschränke reichlich Platz für Handtücher und Körperpflegeprodukte. In die Platte ist ein kreisrundes Waschbecken eingelassen, rechts und links dürfen einige Lieblingsstücke stehen. Durch die flache, gestreckte Form und das lackierte Holz sieht diese Lösung sehr elegant aus. **OBEN RECHTS** Allerlei Badeöle und Lotionen präsentieren sich in dem kleinen Hängeregal.

STAURAUM

Im Gegensatz zur Küche, dem zweiten Bereich der Wohnung mit festen Anschlüssen, muss man im Bad weniger Vorräte der verschiedensten Produkte unterbringen. Andererseits müssen die Badezimmerutensilien schnell zur Hand sein, denn wer möchte sich schon weit vom Waschbecken entfernen, um die Zahncreme oder ein Handtuch zu greifen. Badezimmer werden zwar allmählich größer, doch sie sind immer noch kleiner als andere Wohnräume. Das bedeutet, dass die Organisation des Stauraums im Bad einen proportional höheren Stellenwert hat.

Der am Zen-Buddhismus orientierte Minimalismus, der großen Einfluss auf die Gestaltung und Ausstattung von Bädern genommen hat, prägt das Motto »Weniger ist mehr« und verlangt nach unauffälligem, eingebautem Stauraum. Herumstehender Krimskrams kann die ruhig-entspannte Atmosphäre leicht zunichte machen, andererseits empfinden viele Menschen ein Bad ganz ohne Blickfang allzu nüchtern und streng. Viele Körperpflege-Accessoires sehen durchaus dekorativ aus, manche sind so schön, dass es ein Jammer wäre sie zu verstecken. Hübsche Flaschen, Flakons und andere Behältnisse lassen die Grenzen zwischen Aufbewahrung und Präsentation verschwimmen.

Bedarfsanalyse

Viele Menschen lösen Stauraumprobleme, indem sie mehr Dinge kaufen, um darin Dinge unterzubringen. Das ist nicht unbedingt die falsche Strategie, doch kann sie zu einer zusammengestückelten Einrichtung führen. Besser ist es, den Stauraumbedarf von Anfang an zu durchdenken und auch zu überlegen, was wie leicht zugänglich sein muss. Schon während der Planung sollte entschieden werden, was genau im Bad aufbewahrt werden muss. Je kleiner ein Bad ist, desto gnadenloser sollte man bei der Auswahl von Art und Menge der dort aufbewahrten Dinge sein.

In anderen Wohnbereichen sind Zugänglichkeit und Häufigkeit des Gebrauchs die Hauptkriterien bei der Unterbringung von Habseligkeiten. Im Bad sieht das etwas anders aus. Man sollte dort nichts aufbewahren, das man nicht nahezu täglich zur Körperpflege braucht. Sicherlich ist es günstiger, Toilettenpapier und Körperpflegeprodukte in Großpackungen zu kaufen, doch heißt das nicht, dass der Vorrat im Bad gelagert werden muss. Was dann noch im Bad bleibt, lässt sich in zwei Gruppen aufteilen: Dinge, die man gern vorzeigen mag, und Dinge, die man lieber versteckt. Planen Sie unbedingt auch geschlossenen Stauraum ein, etwa für Utensilien, die feuchte Luft nicht sonderlich gut vertragen, und für Medikamente, die dunkel und außer der Reichweite von Kindern aufbewahrt werden müssen.

Konsequente Minimalisten bewahren sogar ihre Zahnbürste außerhalb des Badezimmers auf. Die meisten Menschen möchten aber eine Reihe von Utensilien gern zur Hand haben. In jedem Bad (abgesehen vielleicht von kleinen Nassräumen) sollte Platz zum Aufhängen oder Ablegen von Handtüchern vorhanden sein. Außer der Reserverolle Toilettenpapier müssen auch Körperpflegeprodukte (Seife, Shampoo, Badeöl etc.) und Putzmittel untergebracht werden. Selbst ein Gäste-WC oder Gästebad braucht ein Minimum an Stauraum, in einem Familienbad ist der Bedarf natürlich größer.

Viele Menschen bewahren auch Medikamente und Verbandmaterial im Bad auf. Das mag daran liegen, dass dort fließendes Wasser zur Verfügung steht und dass die hygienischen Verhältnisse oft besser sind als in anderen Räumen. Manche Medikamente und Kosmetika verderben allerdings in dem feuchtwarmen Klima schneller und sollten darum besser woanders gelagert werden. Wo immer Sie den abschließbaren Medikamentenschrank unterbringen: Sie sollten Ihre Bestände regelmäßig durchsortieren, denn alte oder seit längerer Zeit angebrochene Medikamente können unwirksam werden oder im schlimmsten Fall sogar schädlich sein.

Körperpflegeprodukte und Kosmetika sammeln sich besonders schnell an, wenn Teenager das Bad benutzen. In jungen Jahren ist der Geschmack noch unbeständig, es werden immer neue Produkte ausprobiert und ehe man es sich versieht, steht man vor einer Galerie aus halb vollen Shampooflaschen. Spätestens wenn das Bad an das Körperpflege-Regal eines Supermarkts erinnert, sollten Sie den Experimenten Einhalt gebieten oder darauf bestehen, dass die Produkte im eigenen Zimmer aufbewahrt werden, wo sie anderen Familienmitgliedern nicht im Wege stehen.

Wie Medikamente haben auch viele Kosmetika eine begrenzte Haltbarkeit. Nagellack wird zäh, Mascara krümelig, Cremes verderben. Um den Überblick zu behalten, sollte man auch diese Produkte regelmäßig aussortieren. Abgesehen davon steht nirgends geschrieben, dass der Schminkplatz gerade im Bad liegen muss. Nehmen Kosmetika in einem gemeinsam genutzten Bad zu viel Platz ein, kann ein Spiegel neben dem Kleiderschrank im Schlafzimmer die Lösung sein. Auf diese Weise werden andere Familienmitglie-

der auch nicht durch langwierige Schminkexperimente an der Badbenutzung gehindert.

Sinnvoll ist es dagegen, einige Putzmittel im Bad aufzubewahren, denn gerade hier spielt Hygiene eine besonders wichtige Rolle. Wenn Lappen, Bürste und Sanitärreiniger griffbereit stehen, wird man sie häufiger benutzen, als wenn man sie jedes Mal aus einem anderen, womöglich weit entfernten Raum holen muss. Und wird in einem großen Familienbad auch die Wäsche gewaschen, sollte ausreichend Platz für Waschmittel und dergleichen vorhanden sein. Die alltägliche Hausarbeit geht leichter von der Hand, wenn auch der Schmutzwäschekorb in handlicher Nähe steht.

Stauraum-Modelle

Einbauschränke sind im Bad besonders praktisch, um die weniger ansehnlichen Elemente verschwinden zu lassen. Dazu gehören einerseits Rohre und Anschlüsse, andererseits aber auch Utensilien und Vorräte. Zudem bieten Einbauten die Möglichkeit, Sanitärobjekte geschickt in die Struktur des Raums zu integrieren. Selbst in einem kleinen Bad kann es sich lohnen, etwas Fläche für einen Einbauschrank zu opfern, weil dadurch das Gesamtbild des Raums klarer und über-

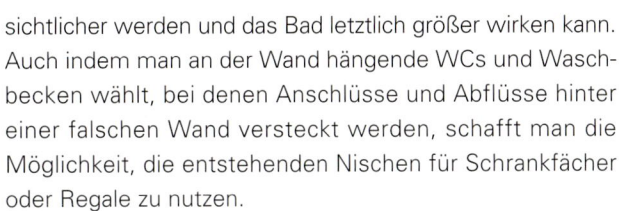

sichtlicher werden und das Bad letztlich größer wirken kann. Auch indem man an der Wand hängende WCs und Waschbecken wählt, bei denen Anschlüsse und Abflüsse hinter einer falschen Wand versteckt werden, schafft man die Möglichkeit, die entstehenden Nischen für Schrankfächer oder Regale zu nutzen.

Ein besonders beliebter Platz für einen Einbauschrank ist der Bereich unter dem Waschbecken. Fertige Waschbecken-Unterschränke und Waschtische werden in vielen Formen und Stilen angeboten, von preiswertem Laminat bis zu edlem Massivholz. Neuere Modelle ähneln oft schlanken Sideboards, manche haben Beine, andere werden an der Wand aufgehängt. Wenn der Platz sehr knapp ist, muss man sich vielleicht auf einen kleinen Hängeschrank beschränken, doch auch dann sind Abstriche beim Aussehen nicht unbedingt nötig.

Nischen bieten sich für Einbauten natürlich an. Für die meisten Badezimmerutensilien muss der Stauraum nicht sehr tief sein, darum kann ein hoher, schlanker Einbauschrank mit vielen Einlegeböden praktisch sein. Man könnte den Stauraum auch so anordnen, dass er verschiedene Zonen des Bades abgrenzt. Zwei Hochschränke könnten rechts und links vom Waschbecken stehen, auch als Abgrenzung der Toilette ist ein hoher oder halbhoher Schrank praktisch, der von einer Seite her zugänglich ist.

Frei stehende Schränke eignen sich besser für größere Bäder, wo rechts und links von ihnen ausreichend freier Platz

OBEN Eine elegante Lösung mit nahtlos wirkenden Einbauschränken über dem Waschtisch und tieferen Schränken darunter, auf denen man auch einmal den Fuß abstellen kann. OBEN RECHTS Ein Regal für Handtücher wurde in die Nische neben dem Erkerfenster eingebaut. GANZ LINKS Der Schrank mit der Milchglastür ist in die Wand eingebaut, die das WC vom übrigen Bad abgrenzt. LINKS Hängende Waschbecken-Unterschränke sehen leichter aus als Modelle, die bis zum Boden reichen.

OBEN In diesem Bad in einem Haus im Libanon besteht eine ganze Wand aus Einbauschränken, die wegen der Tapete kaum auffallen. Das Angebot an badezimmertauglichen Tapeten mit wasserbeständiger Vinylbeschichtung ist recht groß. RECHTS Wandhohe Einbauschränke bieten reichlich Stauraum. Ein Gummipuffer an einer Tür schützt die Glaswand der Duschkabine.

Ankleidezimmer

Es ist sinnvoll und praktisch, den Ankleidebereich ans Bad anzugliedern, obendrein gewinnt man dadurch Platz im Schlafzimmer. Es muss aber unbedingt für eine gute Belüftung gesorgt sein, sonst besteht die Gefahr, dass die Kleidung muffig oder stockig wird. In einem großen, offen gestalteten Schlafzimmer mit angrenzendem Bad könnte man eine ganze Wand mit Einbauschränken ausstatten, die eine individuelle Inneneinrichtung mit Kleiderstangen, Regalböden und kleineren Fächern erhalten. Ist der Platz begrenzt, könnte man im Übergangsbereich zum Bad aus gegenüber stehenden Einbauschränken eine Art Vorraum schaffen.

Stauraum im Detail

▸ Seife muss regelmäßig abtrocknen, sonst wird sie schmierig. Spezielle Seifenablagen aus Metallgitter oder gelochtem Gummi sorgen dafür, dass Wasser schnell ablaufen kann.

▸ Zahnbürsten sollten am Waschbecken aufbewahrt werden. Optimal ist ein Halter (an der Wand montiert oder frei stehend), in dem sie abtropfen können. Stellt man sie kopfüber in einen Becher, setzt sich mit der Zeit am Boden ein Schmierfilm ab.

▸ Eine Ablage, die quer über die Badewanne gelegt wird, ist praktisch zum Abstellen von Accessoires, man kann auch ein Buch darauf legen.

▸ Kleine Körbe oder Netze für Schwämme und anderes Zubehör sind hilfreich, um die Badeutensilien verschiedener Badbenutzer in einem gemeinsam genutzten Bad zu sortieren.

▸ Kleine Behältnisse, in Farbe und / oder Material aufeinander abgestimmt, eignen sich gut zur Aufbewahrung von Kosmetika und anderen Kleinigkeiten.

▸ Rollwagen sind praktisch als mobiler Stauraum für Utensilien und Reservehandtücher.

▸ Medikamente und Putzmittel gehören in einen geschlossenen Schrank außerhalb der Reichweite von Kindern.

▸ Ein Hersteller bietet einen Mini-Kühlschrank für das Bad an. Cremes, Kosmetika und Medikamente halten länger, wenn sie kühl aufbewahrt werden. Und natürlich ist auch ein kühles Glas Sekt in der heißen Badewanne nicht zu verachten.

vorhanden ist. In alten Kleider- oder Garderobenschränken sind auch Handtücher gut untergebracht, auch Aktenschränke aus Metall, alte Spinde oder Apothekerschränke können recht originell aussehen.

Die meisten Dinge, die man im Bad aufbewahrt, lassen sich gut in Regalen unterbringen. Glas ist das schönste Material für solche Regale, weil es kaum auffällt und sehr gut zu dekorativen Flakons und Döschen passt. Falls einmal Kosmetika auslaufen, lassen sich die Flecken von Glas leicht entfernen. Glasregale über dem Waschbecken sollten allerdings eine umlaufende Metallreling haben, damit keine Flaschen versehentlich abrutschen und im Waschbecken zerbrechen können.

OBEN Körbe sind preiswert und praktisch zum Unterbringen von allerlei Utensilien und Accessoires. OBEN RECHTS Das Rote Kreuz als Medikamentenschrank ist ein witziger Farbtupfer. LINKS Der verschiebbare Schuhschrank fungiert als Badezimmertür. Gleich daneben liegt im Ankleidebereich ein hoher Spiegel. Im Badezimmerspiegel erkennt man Kleiderstangen und Regale. UNTEN Originell ist auch diese Reihe alter Kästen an der Wellblechwand in einem Badezimmer in Australien.

Erst die Dekoration macht das Bad wirklich lebendig. Natürlich ist ein Bad vor allem ein funktionaler Raum, doch heißt das nicht, dass es ausschließlich zweckmäßig gestaltet sein muss. Farben, Muster und Texturen kommen ins Spiel, wenn es darum geht, Atmosphäre zu schaffen und den eigenen Stil auszudrücken. Und wenn die Sanitärobjekte in vertretbarem Zustand sind oder das Budget für einen Austausch nicht ausreicht, ist eine Renovierung oft eine preiswerte und effektive Lösung, um dem Bad ein ganz neues Gesicht zu geben.

Das Angebot an Materialien, die sich für das Badezimmer eignen, ist in den letzten Jahren erheblich gewachsen. Trotzdem stehen praktische Aspekte im Vordergrund. Alle Flächen im Bad müssen Wasser oder zumindest feuchte Luft vertragen. Doch die richtige Materialwahl allein reicht noch nicht aus. Man muss auch darauf achten, dass alle Naht- und Ansatzstellen zwischen verschiedenen Flächen gut versiegelt sind.

DEKOR & DETAILS

RICHTIG PLANEN

Aus praktischen Gründen ist das Spektrum der geeigneten Materialien und Möglichkeiten im Bad etwas eingeschränkt, ansonsten unterscheiden sich die Gestaltungsoptionen bei der Renovierung nicht wesentlich von anderen Räumen. Die wichtigsten Variablen sind Farbe, Muster und Textur, in vielen Materialien sind sogar alle drei vereint.

Es gibt pfiffige Gestaltungstricks, um Räume größer wirken zu lassen oder gewisse Nachteile zu tarnen. Nehmen Sie die vorhandenen Gegebenheiten genau unter die Lupe, ehe Sie Entscheidungen über die Gestaltung fällen.

Bei der Gestaltung eines Badezimmers spielt die Größe eine wichtige Rolle. Kleine Räume vertragen nur geringe Mengen intensiver Farben oder großer Muster, sonst wirken sie leicht beengt. In kleinen Bädern ist es oft die beste Lösung, bei einem Material oder einem Farbton zu bleiben, um eine Illusion von Weite zu schaffen. Größere Bäder lassen beim Dekorieren und Gestalten mehr Freiheit, auch gewagte Wechsel zwischen verschiedenen Materialien sind denkbar. Hier empfehlen sich vor allem kräftige oder warme Farben, die Gemütlichkeit ausstrahlen und den großen Raum intimer wirken lassen.

Ein verwandtes Thema ist die Qualität des Tageslichts. Räume mit Nordfenstern (auf der südlichen Halbkugel mit Südfenstern) haben weißeres, kühleres Licht als Räume mit Süd- oder Westfenstern. Wer also Nordfenster hat, sollte warme Farben bevorzugen und auf Blautöne und Weiß lieber verzichten, weil diese die Kühle des Lichts noch betonen. Wichtig ist auch die Frage, wie viel Licht das Bad bekommt. Sind nur wenige oder kleine Fenster vorhanden, empfehlen sich helle Farben, die das Licht reflektieren. Völlig fensterlose Bäder und Gäste-WCs verlangen besondere Überlegungen.

Bedenken Sie auch, dass die meisten Farben zu verschiedenen Tageszeiten und auch bei Kunstlicht unterschiedlich wirken. Es macht durchaus Sinn, Farbproben oder Tapetenmuster an Ort und Stelle zu befestigen und die Farbveränderungen im Lauf des Tages zu beobachten.

Kein Raum der Wohnung ist gegen Moden völlig gefeit. Obendrein lösen sich die Trends in der Raumgestaltung heute fast so schnell ab wie in der Konfektion. Badezimmer lassen sich jedoch schon wegen der vielen fest installierten Elemente nicht so leicht umgestalten. Ehe Sie sich also für eine besonders trendige Gestaltung entscheiden, sollten Sie sich fragen, ob sie Ihnen wohl langfristig gefällt.

Wenn das Budget nur eine Renovierung zulässt, überlegen Sie genau, wofür Sie Geld ausgeben wollen. Schnelle und preisgünstige Möglichkeiten sind:

▸ Streichen oder tapezieren.

▸ Rohre verkleiden oder anderweitig verstecken.

▸ Den Bodenbelag erneuern – in einem kleinen Bad könnte man ein teureres Material wählen, das man sich woanders nicht leisten würde.

▸ Türen von Schränken und Einbauten neu streichen (für Laminat gibt es Spezialfarben) oder alte Türen durch Massivholz- oder Glasmodelle ersetzen.

▸ Alte Fliesen mit einer Spezialfarbe überstreichen.

▸ Die Beleuchtung verändern, was sehr wirkungsvoll sein kann. In eine abgehängte Decke lassen sich versenkte Strahler problemlos einbauen.

▸ Armaturen und Accessoires erneuern – Wasserhähne, Griffe, Handtuchhalter, Aufbewahrungsbehälter, Badematten und Handtücher können ein Bad für wenig Geld aufmöbeln.

RECHTS Eine moderne Version der klassischen Rollrand-Wanne steht in einer Nische, die mit runden, weißen Mosaikfliesen verkleidet ist. Die große Glastür führt auf eine sonnige Terrasse.

Farbe

Eines der ausdrucksvollsten Gestaltungselemente ist Farbe, die sehr persönliche Reaktionen auslösen und auch kulturelle Assoziationen wecken kann. Kaum etwas eignet sich besser, um Atmosphäre zu schaffen.

Die klassische Farbe der Badezimmereinrichtung ist Weiß. Das hat seine Gründe. Weiß steht nicht nur traditionell als Symbol für Sauberkeit, sondern verlangt auch ein hohes Maß an Reinlichkeit, damit es immer makellos aussieht. Bei schlechtem Licht kann Weiß kalt, klinisch und trist wirken, unter optimalen Umständen andererseits ausgesprochen luxuriös, leicht, luftig und ruhig. Ein ganz in Weiß gehaltenes Bad lässt sich gut mit kleinen Akzenten in kräftigen Farben beleben. In Kombination mit anderen Farben vermittelt Weiß immer Frische und Leichtigkeit, Schwarz und Weiß sind bewährte Partner für grafische Effekte.

Wegen der Assoziationen mit Wasser ist auch Blau eine beliebte Badezimmerfarbe. Weil es ruhig, kühl und unaufdringlich wirkt, schafft es eine friedliche, fast meditative Stimmung. Kombiniert mit Weiß vermittelt es dagegen maritime Frische. Oft kommt es auf den genauen Farbton an. Blautöne mit einem kleinen Grün- oder Rotanteil wirken wärmer als Blaugrau, das vor allem bei weniger günstigen Lichtverhältnissen leicht frösteln lässt.

Im wärmeren Bereich des Spektrums liegen Farben wie Rot und Orange, die anregend und gemütlich wirken. Bis

LINKS Duftiger, weißer Stoff filtert das Tageslicht, das auf die Wände in sanftem Taubenblau fällt.
OBEN Eine Verkleidung aus Delfter Fliesen gibt dem Bad unter der Dachschräge Profil. Blau lässt kleine Räume größer wirken.
OBEN RECHTS Das leuchtende Gelb der Nische bildet einen frechen Kontrast zu dem grünen Mosaik der Wände.

OBEN Beton und polierter Verputz kann auf großen Flächen etwas nüchtern und kalt wirken. Hier wurden die Wände in einem warmen Himbeerrosa gestrichen, das dem Material die monumentale Schwere nimmt.

vor kurzer Zeit waren solche starken, leuchtenden Farben selten in Badezimmern zu sehen. Vielleicht galten sie als zu lebhaft für einen Raum, in dem man sich Zeit zum Entspannen nehmen will. Beschränkt man sie jedoch auf eine begrenzte Fläche oder ein einzelnes Element und kombiniert sie obendrein mit sanfteren Farben, wirken selbst Rot und Orange nicht erdrückend, sondern vermitteln angenehme Wärme und Vitalität.

Wie Rot verlangt auch Grün Geschick bei Dosierung und Kombination. In sonnigen Badezimmern können helle Grüntöne freundlich und besänftigend wirken, bei schwachem Licht erinnern diese Töne allerdings eher an triste Behördenflure. Dunkle Grüntöne haben etwas Luxuriöses, brauchen aber reichlich Weiß als Gegengewicht.

Mischtöne wie Rosa, Nilgrün, Aquamarin und Lavendel, die irgendwo zwischen zwei Farben schweben und oft warme und kühle Anteile vereinen, eignen sich für Bäder besonders gut, vor allem, wenn sie mit schneeweißen Sanitärobjekten kombiniert werden. Diese Töne verändern sich abhängig vom Tageslicht besonders stark und vermitteln eine subtile Zweideutigkeit, die sehr stimmungsvoll wirken kann.

Natur- und Neutralfarben sind ein idealer Hintergrund für Bäder, in denen auch sonst vorwiegend Naturmaterialien verwendet werden. Gelb und Terrakotta haben eine bodenständige Ausstrahlung, die zu einem rustikalen Stil passt. Helle Creme- und Sandtöne harmonieren gut mit kühlmodernen Bädern mit viel Sandstein und Holz.

LINKS Hier wird die eingebaute Wanne durch die Farbe interessant betont. Der intensive Ton der Außenwand betont den grafisch wirkenden Rahmen, während das Innere der Nische in hellem Gelb mit blassblauer Decke jedes Gefühl von Enge vertreibt.

UNTEN Die Wirkung einer Farbe hängt erheblich von der Beschaffenheit der Oberfläche ab. Die glänzende Glasverkleidung ist von hinten lackiert und wirkt ausgesprochen chic. Der matte, graublaue Anstrich der übrigen Objekte hält sich dagegen dezent zurück.

OBEN Auf die Front des Doppelwaschtisches wurden Op-Art-Muster laminiert, die von der gegenüberliegenden, verspiegelten Wand reflektiert werden.

RECHTS Noch etwas plakativer ist diese Tapete im Stil der 1960er Jahre. Sowohl die geometrischen Musteranteile als auch die Schwarz-Weiß-Kombination waren Kriterien für die Auswahl der Handtücher.

GANZ RECHTS Ungeschickt eingesetzt – vor allem im Bad – kann Gold leicht protzig wirken. Das ist hier absolut nicht der Fall, weil die roten Mosaikfliesen und die Milchglasflächen ein ausreichend sachliches Gegengewicht zu der golden schimmernden Wand bilden.

Muster und Textur

Figürliche Muster sind im Gegensatz zu geometrischen Designs wesentlich enger in den Zyklus der Mode eingebunden und überholen sich darum wesentlich schneller als andere dekorative Elemente. In kleinen Räumen können Muster außerdem unverhältnismäßig viel Aufmerksamkeit binden, folglich sollte man sie eher zurückhaltend einsetzen.

Ein Muster im minimalsten Sinn kann schon eine kontrastfarbige Bordüre oder ein andersfarbiger Fliesenstreifen sein, ebenso ein Patchwork aus Mosaik in verschiedenen Tönen. Selbst die Fugen einer einfarbigen Fliesenfläche sind in diesem Sinne ein Muster. In engen Badezimmern reicht der subtile Rhythmus solcher dezenten Muster häufig aus, um den Raum Charakter zu geben.

Auffällige Muster eignen sich meist besser für den Fußboden, während sie auf anderen Flächen leicht aufdringlich oder verwirrend wirken können. Traditionelle marokkanische Tonfliesen beispielsweise können einem modernen Bad etwas Warmes, Bodenständiges verleihen, während schwarze und weiße Fliesen oder Mosaikplättchen grafisch wirken.

In den letzten Jahren hat die Mustervielfalt durch innovative Foto-Transfertechniken eine neue Dimension erhalten. Interessant sind beispielsweise Keramikfliesen mit Abbildungen von Muscheln oder Blüten, die man in einen einfarbigen Hintergrund einfügen kann. Es gibt auch Bodenbeläge mit Fotodruck, die den Eindruck vermitteln, man gehe über einen Strand oder eine Wiese, durch Herbstlaub oder Wasser.

Im Bad nehmen wir Texturen intensiver wahr als in anderen Räumen. Dafür gibt es einen einfachen Grund: Wir sind ihnen stärker ausgesetzt, weil wir uns im Bad barfuß oder nackt bewegen. Schon aus praktischen Gründen – aber auch wegen der Behaglichkeit und Sicherheit – sollte man allzu raue Materialien vermeiden, an denen man sich die Haut abschürfen könnte. Andererseits müssen Fußböden und andere Flächen, die nass werden, möglichst griffig sein, damit man nicht ausrutscht.

Durch subtile Variationen der Texturen kann auch ein einfarbig gestaltetes Bad Profil bekommen. Eine Holzplatte auf dem Waschtisch beispielsweise vermittelt in einem Raum, in dem die meisten Oberflächen naturgemäß hart, glatt und kühl sind, ein angenehmes Gefühl von Wärme.

OBERFLÄCHEN & MATERIALIEN

Wirkung und Atmosphäre eines Badezimmers beruhen hauptsächlich auf den Materialien der Oberflächen. Das Angebot ist heute größer als je zuvor und umfasst neben Glas, Stahl, Holz, Stein und den neuesten Synthetikprodukten auch konventionellere Materialien wie Kork, Marmor, Laminat, Keramik und Linoleum.

Ehe Sie sich entscheiden, sollten Sie über einige Faktoren nachdenken:

Pflege Braucht Ihr bevorzugtes Material spezielle, aufwändige oder besonders häufige Pflege?

Zuschnitt oder Verlegung Die meisten massiven, nicht synthetischen Materialien müssen vom Fachmann zugeschnitten, eingebaut oder angebracht werden. Dadurch entstehen Kosten, die Sie einkalkulieren sollten.

Wasserbeständigkeit Alle Materialien in einem Badezimmer müssen Wasser und hohe Luftfeuchtigkeit vertragen. Trifft das auf Ihr Wunschmaterial zu?

Gewicht Muss der Fußboden eventuell verstärkt werden, um das Gewicht des Materials zu tragen?

Wärme Ist das Material sehr kalt? Könnte darunter eine Fußbodenheizung verlegt werden?

Kosten Die schönsten Materialien haben einen stattlichen Preis, das gilt besonders für Naturstein. Andererseits könnte man sich in einem kleinen Bad ein teures Material gönnen, das für andere, größere Bereiche des Hauses zu kostspielig wäre.

Sicherheit Wenn das Material als Bodenbelag verwendet werden soll, ist es ausreichend rutschfest?

OBEN Im Bad werden uns Texturkontraste viel deutlicher bewusst als in anderen Bereichen des Hauses.
LINKS Betonflächen, die noch Spuren der Schalung zeigen, haben eine lebendige Oberfläche. Hier sorgen klare und satinierte Glasflächen für interessante Kontraste.
RECHTS Beton, Naturstein, Mosaikfliesen und Holz sorgen in diesem Bad für Abwechslung.

OBEN Holz ist ausgesprochen vielseitig. Je nach Art, Oberflächenbehandlung und Einsatz kann es klassisch, modern oder rustikal wirken. Die weiß gestrichene Profilholztäfelung wirkt in dem ländlichen Badezimmer frisch und sauber.

RECHTS Die derbe, unbehandelte Täfelung ist wesentlich rustikaler und erinnert an eine skandinavische Blockhütte.

GANZ RECHTS Die Verkleidung der Wanne und des Waschtisches mit glatten, lackierten Hartholzpaneelen hat eine edle, moderne Ausstrahlung.

Vorarbeiten

Jede Oberflächengestaltung verlangt gute Vorbereitung, das gilt ganz besonders im Badezimmer. In vielen Bädern gibt es Flächen, die mit starren Materialien wie Fliesen oder Mosaik verkleidet werden. Ist die Wand oder der Fußboden uneben oder schief, sieht die gefliste Fläche zwangsläufig unordentlich aus. Wände, die sehr uneben oder nicht lotrecht sind, müssen im schlimmsten Fall vor dem Fliesen neu verputzt werden. Fußböden kann man mit wasserfest verleimtem Sperrholz auslegen, um Unebenheiten auszugleichen. Unansehnliche Wände könnte man auch hinter einer Holztäfelung oder einer anderen Verkleidung verstecken. Wände oder Teilflächen, die gestrichen werden sollen, müssen glatt sein und dürfen keine oberflächlichen Risse aufweisen. Dringt an solchen Stellen Feuchtigkeit ein, blättert die Farbe bald ab oder wird unansehnlich.

Die Fugen zwischen Sanitärobjekten und Wänden sowie zwischen verschiedenen Materialien müssen besonders sorgfältig mit einer wasserfesten Versiegelung gefüllt werden. Nur so verhindern Sie, dass Wasser in die Fugen gelangt und in den Untergrund dringt, wo es im Lauf der Zeit zu Feuchtigkeitsschäden führen kann. Wo sich eine Dehnungsfuge nicht vermeiden lässt, sollte sie mit einem speziellen Abdeckstreifen wasserdicht abgeschlossen werden.

Holz

Holz ist eines der ansprechendsten Naturmaterialien. Das liegt sicherlich an den attraktiven Mustern der Maserung, den warmen Farbtönen und auch daran, dass es mit der Zeit immer schöner wird. Weil es uns als Konstruktions- und Oberflächenmaterial gleichermaßen vertraut ist, assoziieren wir es fast automatisch mit heimeliger Behaglichkeit. Holz enthält viel Wasser. Darum muss es gelagert werden, bis sich sein Feuchtigkeitsgehalt der Umgebungsluft angepasst hat. Das meiste Holz, das man im Handel erhält, ist natürlich oder künstlich auf eine Holzfeuchte von etwa 10 Prozent getrocknet. Aber auch dann reagiert Holz immer auf Veränderungen der Temperatur und Luftfeuchtigkeit. Jedes Massivholz dehnt sich aus und schrumpft zusammen. Bei zu großer Feuchtigkeit quillt es auf, es kann sich verziehen und mit der Zeit sogar verrotten. Holz für das Badezimmer muss besonders sorgfältig ausgewählt und behandelt werden. Gut geeignet sind Zeder und Teak, die von Natur aus Wasser abweisen. Harthölzer vertragen Feuchtigkeit generell besser als Weichhölzer. Beim Kauf tropischer Harthölzer sollte man aber darauf achten, nur Material aus kontrollierter Forstwirtschaft zu wählen, um die Gefährdung der Regenwälder nicht weiter voranzutreiben. Preiswerter sind industriell gefertigte Holzprodukte wie Bootsbausperrholz oder wasserfest verleimtes Sperrholz für den Außenbereich. Ein Anstrich mit einem Bootslack versiegelt die Oberfläche gegen Feuchtigkeit.

Im Fachhandel findet man auch spezielle Holzbodenbeläge für Badezimmer. In meinem eigenen Bad auf dem Lande besteht der Boden aus zwei Schichten österreichischem Eichenholz, zwischen denen sich eine Lage Sperrholz befindet. Das Sperrholz verhindert, dass das Material sich verzieht. Das Deckfurnier wird durch ein geeignetes Öl unempfindlich gegen Wasserflecken.

Weichhölzer und die meisten Industrieprodukte wie MDF-Platte sollte man streichen oder mit Bootslack versiegeln. Profilbretter sind relativ preiswert und eignen sich gut, um Wände zu verkleiden und Rohre zu verstecken. Nut und Feder geben dem Holz ausreichend Spielraum zum Arbeiten.

Farbe

Decken und Wände, die nicht unmittelbar an Nassbereiche angrenzen, werden üblicherweise gestrichen. Wegen der hohen Luftfeuchtigkeit und Kondenswasserbildung sollte man spezielle Feuchtraumfarben verwenden, die neben Vinylanteilen oft auch ein Fungizid zur Verhinderung von Schimmelbildung enthalten. Es gibt matte und glänzende Produkte in vielen Farbtönen.

Vorhandene Bodendielen kann man ebenfalls durch einen neuen Anstrich aufmöbeln. Alte Lack- und Farbschichten müssen zuerst entfernt werden, dann werden vorstehende Nagelköpfe versenkt und eventuelle Risse gespachtelt. Schließlich wird das Holz geschliffen. Danach wird ein geeigneter Primer aufgetragen, darauf folgen mehrere Schichten einer glänzenden Lackfarbe. Mattlacke können ebenfalls verwendet werden, sind aber weniger durabel. Besonders strapazierfähig und wasserfest sind Bootsfarben vom Schiffsausrüster.

Auch andere Flächen kann man mit Farbe auffrischen, wenn das Budget für eine Rundumerneuerung des Badezimmers nicht ausreicht. Selbst alte Fliesen können überstrichen werden, sofern man darunter einen speziellen Primer aufträgt. Auch für Laminat werden Spezialfarben angeboten, mit denen sich Badezimmermöbel leicht aufpeppen lassen. Für eine Profilholztäfelung, Fußleisten und andere Elemente aus Weichholz, Span- oder MDF-Platte verwendet man traditionell glänzende oder matte Lackfarben auf Ölbasis. Geruchsarme Acrylfarben sind ebenfalls geeignet, aber weniger strapazierfähig.

Tapete

Tapete kann, wenn sie korrekt verklebt ist, kleine Unebenheiten der Wände verdecken. Allerdings kann die hohe Luftfeuchtigkeit den Kleister erweichen, sodass die Tapete sich löst. Für Badezimmer werden spezielle Vinyltapeten angeboten, die widerstandsfähiger gegen Feuchtigkeit sind.

Verputz und Beton

Rohe Beton- und Verputzflächen haben eine unverschnörkelte, derbe Ausstrahlung. Normaler Verputz muss mit einer wasserfesten Versiegelung versehen werden. Es gibt aber auch wasserfeste Spezialputze, die man beispielsweise für die Innenwände von Schwimmbecken verwendet. Attraktiv ist Verputz mit einem Anteil von Marmormehl. Verputze Flächen sehen edel und modern aus, wenn man sie wachst und poliert. Auch Beton muss versiegelt werden, sonst wird er schnell fleckig.

Es gibt Spezialfirmen, die Betonfußböden und andere Elemente wie Badewannen oder Waschtische an Ort und Stelle gießen. Die Oberfläche des Betons kann poliert werden. Abhängig von der Schalung zum Schütten, der genauen Betonmischung und der Verarbeitung kann die Oberfläche glatt, gemustert oder strukturiert sein. Fertige Platten und Fliesen sind ebenfalls erhältlich. Wie bei allen schweren Materialien muss geprüft werden, ob die Bausubstanz stabil genug ist, um das Gewicht zu tragen.

Stein

Naturstein ist in vielen Formen erhältlich und hat immer eine besondere Präsenz. Je nach Gesteinsart und Bearbeitung kann er rustikal oder elegant, luxuriös oder streng, klassisch oder modern wirken. Ein traditioneller Naturstein für Badezimmer ist Marmor, den wir in diesem Kontext als besonders luxuriös empfinden. In modernen Wohnungen findet aber auch Sandstein mit seiner kühlen, klassischen Ausstrahlung immer mehr Anhänger. Schiefer mit seinen dunklen, stimmungsvollen Farbtönen passt in ländliche und urbane Wohnungen gleichermaßen. Granit mit seiner interessanten Sprenkelzeichnung ist in vielen attraktiven Farbtönen erhältlich.

Naturstein ist immer kostspielig, die Preise für massive Platten importierter Steine können leicht astronomische Dimensionen erreichen. Viele Stärken und Formate für die unterschiedlichsten Zwecke werden angeboten, von dünnen Wandfliesen bis zu dickeren Bodenplatten. Weil Naturstein spröde ist und leicht bricht, sollte er immer vom Fachmann verlegt werden. Kleine Fliesen werden meist mit Baustoffkleber verlegt, größere Formate benötigen eine Stahlhalterung. Je nach Dicke des Materials kann auch das Gewicht zum Problem werden, vor allem, wenn große Flächen mit Stein verkleidet werden. Lassen Sie durch einen Statiker prüfen, ob die Bausubstanz das zusätzliche Gewicht tragen kann.

Platten für Waschtische oder als Spritzschutz kann man sich nach Maß zuschneiden lassen, um eine nahtlose Fläche zu erhalten. Wer an altem Naturstein interessiert ist, sollte

UNTEN Fußböden, Platten, Wannen und Waschbecken kann man von Spezialfirmen an Ort und Stelle aus Beton gießen lassen. Diese Wanne mit den Stufen an beiden Seiten liegt unter einem Fenster, dessen Form mit der länglichen Wannenkontur korrespondiert.
RECHTS Marmor, Schiefer und Sandstein sind die beliebtesten Naturstein-Arten für Badezimmer.

LINKS Eine große Milchglasscheibe ist an einer Metallschiene aufgehängt und kann als Raumteiler vor das Bad geschoben werden, ohne dass das Schlafzimmer dadurch dunkler wird.

RECHTS Metall ist zwar ein sehr zweckmäßiges Material, doch bedeutet das nicht, dass es im Bad klinisch oder gar abstoßend aussehen muss. Hier bildet der sanfte Schimmer der Aluminiumverkleidung einen interessanten Kontrast zu dem Keramikwaschbecken und dem Beistelltisch aus Holz.

sich einmal bei einem Händler für historische Baumaterialien umsehen.

Stein – vor allem Schiefer – ist von Natur aus wasserresistent. Sandstein, Marmor und einige andere Arten sind jedoch empfindlich gegen Flecken und sollten darum versiegelt werden. Ein Fachhändler für Natursteine kann Sie über geeignete Produkte beraten.

Die Verarbeitung der Oberfläche bestimmt, wie rutschig Naturstein ist. Polierter Marmor oder Granit sind als Bodenbelag nicht zu empfehlen, rauere Oberflächen geben mehr Trittsicherheit. Schiefer lässt sich wegen seiner geologischen Struktur in Platten spalten, die eine leicht unebene, griffige Oberfläche haben.

Stein hat eine hohe thermale Masse: Er erwärmt sich nur langsam, hält aber dann die Wärme lange. In kühlen Ländern kann er ohne Fußbodenheizung etwas ungemutlich sein, in warmen Ländern wird er gerade wegen seiner Kühle geschätzt.

Glas

Neue Herstellungs- und Verarbeitungstechniken haben dazu geführt, dass Glas im Haushalt für viele neue und unkonventionelle Zwecke verwendet werden kann. Das Badezimmer macht da keine Ausnahme. Waschbecken und Badewannen aus Glas gelten als letzter Schrei moderner Badekultur.

Glaswände und Raumteiler geben Nassbereichen den nötigen Spritzschutz, ohne das Tageslicht auszublenden. Große Glasflächen im Bad können allerdings etwas hart und kühl wirken, außerdem birgt Glas immer ein Sicherheitsrisiko. Alle rahmenlosen Glasflächen sollten schon aus diesem Grund abgerundete Kanten haben.

Es gibt viele Glastypen, die sich in Aussehen und Einsatzgebiet unterscheiden. Bei der Auswahl sind vor allem Sicherheitsfragen zu bedenken. Wird Glas als Raumteiler oder Trennwand eingesetzt, muss es besonders stabil und stoßfest sein. Falls es einmal bricht, sollte es – ähnlich wie die Windschutzscheibe eines Autos – in kleine, rundliche und damit relativ harmlose Teilchen zerfallen. Geeignet sind gehärtetes Glas und Verbundglas. Gehärtetes Glas ist fünfmal stabiler als normales Glas und es zerbricht in verhältnismäßig ungefährliche Stückchen. Verbundglas ist noch sicherer, aber auch teurer. Es besteht aus zwei Glasplatten, zwischen denen sich eine transparente Folie befindet. Bricht das Glas, bleiben die Bruchstücke auf der Folie haften. Die sicherste Option ist gehärtetes Verbundglas, das die Vorzüge beider Arten vereint. Auch bei der Wahl von Befestigungsmaterialien und Halterungen ist besondere Sorgfalt geboten.

Sicherheit und Stabilität sind nicht die einzigen Kriterien. Emissionsarmes Glas beispielsweise empfiehlt sich für große Fensterflächen, weil eine isolierende Beschichtung den

Wärmeverlust reduziert. Daneben gibt es Glas, das sich auf Schalterdruck von transparent zu undurchsichtig verwandelt. Auch fotosensitives Glas, das auf die Lichtintensität reagiert, ist erhältlich.

Satiniertes, geätztes oder farbiges Glas kann eine hässliche Aussicht verstecken, ohne den Raum abzudunkeln. Außerdem bieten diese Glastypen auch guten Sichtschutz und empfehlen sich für alle Bereiche, in denen transparentes Glas wegen seiner »Unsichtbarkeit« ein erhöhtes Unfallrisiko darstellen könnte.

Glasbausteine sind ebenfalls in verschiedenen Farben und mit unterschiedlichen Oberflächenstrukturen erhältlich. Sie eignen sich für tragende Wände, Trennwände, Raumteiler und auch für Einsätze in Wandflächen. Glasbausteine gelten zwar mittlerweile als Klischee für bemüht-modernes Bauen, auf größeren Flächen haben sie jedoch durchaus Präsenz.

Glas verlangt zweifellos mehr Pflege als andere Materialien. Einige Waschbecken sind mit einer Spezialbeschichtung ausgestattet, von der auch Zahncremeklecks einfach abperlen. Raumteiler und Duschkabinen müssen jedoch regelmäßig geputzt werden, damit sie nicht fleckig und streifig aussehen (siehe auch Seite 202, Spiegel).

Metall

Metallflächen haben eine kompromisslos funktionale Ausstrahlung, zu viel Metall kann ein Badezimmer kalt und klinisch wirken lassen. Stahl ist wasserfest, verkratzt aber leicht und muss regelmäßig mit einem geeigneten Produkt gereinigt und poliert werden. Zwangloser sehen Platten aus eloxiertem, gewelltem Aluminium aus, die man auf dem Land auch für Schuppendächer verwendet. Aus diesem praktischen Material kann man originelle und preiswerte Raumteiler und Duschabtrennungen bauen.

Fliesen und Mosaik

Fliesen sind seit jeher das beliebteste Material für die wasserfeste Umgebung von Dusche, Wanne und Waschbecken. Keramikfliesen sind durabel, überall zu haben, erschwinglich und pflegeleicht. Es gibt sie in zahllosen Größen, Formen und Dekoren. Bodenfliesen sind dicker als Wandfliesen und haben oft eine rutschhemmende Oberfläche. Das Verlegen ist nicht ganz einfach und sollte besser von

einem Fachmann vorgenommen werden. Fliesen sind verhältnismäßig preiswert, lediglich handgefertigte oder handglasierte Fliesen können sehr teuer sein, besitzen aber weitaus mehr Charakter als Massenware.

Wandfliesen sind in rechteckigen und quadratischen Formaten von etwa 10–20 Zentimeter Kantenlänge erhältlich. Daneben findet man auch achteckige Fliesen und rechteckige Typen mit abgeschrägten Kanten, wie man sie aus alten U-Bahnhöfen kennt. Kleinere Formate sind meist auf Matten aufgeklebt, die im Ganzen verlegt werden. Außerdem gibt es eine Reihe verschiedener Dekorfliesen, Bordüren und Riemchen für schmale Kanten.

Weil Fliesen traditionell zur Dekoration dienten, findet man noch heute viele Texturen und Muster, darunter ethnische, traditionelle und auch digital produzierte Fotomotive. Selbst eine Fläche rein weißer Fliesen vermittelt durch das

Raster der Fugen eine gewisse Dynamik. Selbst durch die Wahl der Fugenfarbe – Weiß, Schwarz oder bunt – lässt sich die Wirkung beeinflussen.

Mosaik besteht normalerweise aus Keramik, man erhält aber auch Produkte aus Marmor, Stein oder Glas. Mosaik aus poliertem Marmor und Glas ist für Bodenbeläge allerdings nicht geeignet, weil es in nassem Zustand sehr rutschig ist und ein hohes Unfallrisiko birgt.

Mosaik wird üblicherweise auf Gittermatten oder Trägerpapier angeboten. Damit lassen sich auch größere Flächen schnell und einfach bedecken. Manche Matten sind mit einfarbigen Mosaiksteinchen beklebt, andere sind mehrfarbig, oft Ton in Ton. Üblich sind quadratische Mosaiksteinchen, man findet aber auch runde und achteckige Formate. Aufwändigere Mosaikeffekte oder Wand füllende Motive kann man sich individuell anfertigen lassen.

Mosaik ist weniger rutschig als große Keramikfliesen, weil das feine Netz der Fugen den Füßen mehr Halt bietet. Es eignet sich besonders gut als optisches Bindeglied zwischen verschiedenen Elementen. So könnte man die Verkleidung einer eingebauten Badewanne mit dem gleichen Mosaik belegen wie den Fußboden, um ein einheitliches Bild zu erhalten.

Kunststoffe

Kunststoffe und Synthetikmaterialien können im Bad für verschiedene Zwecke eingesetzt werden. Laminat beispielsweise ist ein gängiges Material für Waschtisch-Abdeckungen und Schränke. Manche Laminate bestehen aus Schichten von Papier oder Pulpe, die mit Harzen unter hohem Druck und Hitze gepresst sind, andere haben einen massiven Kern.

Corian ist der Markenname eines Produkts, das aus natürlichen Mineralien und Acrylharz besteht. Es wird in verschiedenen Stärken und Qualitäten angeboten. Weil es massiv und durchgefärbt ist, kann sich das Muster der Oberfläche weder abnutzen noch abblättern. Kratzer werden einfach mit feinem Schleifpapier beseitigt. Corian lässt sich gut sägen und bohren, es eignet sich beispielsweise für Waschtische, auch mit nahtlos integriertem Waschbecken und Spritzschutz.

Linoleum, Vinyl, Gummi und Kork

Ob als Rollen- oder Plattenware – Linoleum, Vinyl, Gummi und Kork sind die beliebtesten Bodenbeläge für das Badezimmer. Platten kann auch ein ungeübter Heimwerker leicht verlegen. Nahtlose Rollenware sieht sauberer aus, ist aber etwas unhandlich und darum schwieriger zu verlegen.

Linoleum ist ein reines Naturprodukt und zudem antibakteriell und hypoallergen. Das glatte Material mit der körnig-matten Oberfläche ist in vielen Farben erhältlich. Es ist fußwarm, relativ rutschfest und dämpft den Trittschall.

Vinyl ist im Gegensatz zu Linoleum ein synthetisches Produkt. Je besser die Qualität, desto höher sind der Preis und der Anteil an PVC. Vinyl ist wasserfest, kann jedoch durch scharfe Reinigungsmittel und Zigarettenglut Schaden nehmen.

Gummiprodukte für den Hausgebrauch werden normalerweise synthetisch hergestellt. Sie sind ausgesprochen durabel und absolut wasserfest. Moderne Gummibeläge werden in vielen Farben angeboten, es gibt auch Qualitäten mit rutschfester Noppen- oder Strukturoberfläche.

Kork ist weich, warm und leise. Neben Produkten in den natürlichen Brauntönen sind auch eingefärbte Qualitäten erhältlich. Als Bodenbelag sollten Sie unbedingt eine dickere, versiegelte Qualität wählen. Neu auf dem Markt sind Paneele mit Nut und Feder, die mit einer Vinylbeschichtung und Fotodruckmotiven versehen sind, etwa Kieselsteine, Blätter oder Blumen.

OBEN Der Vorteil von Gummibodenbelägen ist, dass sie in allen nur denkbaren Farben erhältlich sind. GANZ LINKS Das Bad im Retro-Stil ist vom Boden bis zur Decke mit rechteckigen »U-Bahn«-Fliesen verkleidet. Zierprofile lockern die großen Flächen auf. LINKS Das mehrfarbige Mosaik wirkt frisch und lebhaft und ist wegen seines engen Fugennetzes weniger rutschig als größere Keramikfliesen.

DETAILS

Auf die Kleinigkeiten kommt es an. Im Bad ist es besonders wichtig, dass Griffe, Toilettenpapierhalter und Handtuchstangen handlich und praktisch sind, damit Alltagsroutinen reibungslos ablaufen können. Die persönlichen Accessoires – flauschige Handtücher, Düfte und Körperpflegeprodukte – machen das Bad erst zu einem individuellen, einladenden Rückzugsort. Dekorative Kleinigkeiten und Akzente fallen in einem kleinen Raum besonders ins Auge, vor allem, wenn dieser ganz in Weiß oder einem neutralen Farbton gestaltet ist. Um mit schmalem Budget zu einem »neuen« Bad zu kommen, kann ein frischer Anstrich und der Austausch solcher Details schon ausreichen.

Fensterdekorationen

Badezimmerfenster brauchen keine große Dekoration. Sie dient lediglich dazu, grelles Licht abzuschirmen, sofern dies ein Problem darstellt, und Sichtschutz zu geben. Ideal ist eine schlichte, unkomplizierte Lösung. In üppigen Vorhängen, Gardinen oder Raffrollos sammelt sich nur Feuchtigkeit, sie riechen bald muffig und der Stoff leidet. Außerdem erschweren solche Dekorationen das Öffnen des Fensters zum Lüften. Einfache Spring- oder Faltrollos sehen hübsch und ordentlich aus. Wer auf Vorhänge nicht verzichten will, sollte lockere Stoffbahnen mit Ringen an Stangen aufhängen. Das wirkt stimmiger als aufwändig gefältelte und geraffte Draperien.

Es gibt viele interessante Möglichkeiten, ein Fenster ganz ohne Stoff abzuschirmen. Lamellenjalousien aus Holz, Kunststoff oder Metall, Bambusrollos oder Senkrechtlamellen sind denkbar. Weitere geeignete Alternativen sind durchbrochene Fensterläden oder Paneele aus satiniertem Plexiglas.

Natürlich kann man das klare Fensterglas auch durch Milchglas, satiniertes, gemustertes, farbiges oder sogar Spiegelglas ersetzen lassen. Um für Sichtschutz zu sorgen, müssen nicht einmal alle Glasflächen ausgewechselt werden: Es reicht in den meisten Fällen völlig aus, wenn nur die unteren Scheiben undurchsichtig sind.

Türen

Türen sind Bauelemente, die durch ihren Stil die ästhetische Wirkung eines ganzen Raums beeinflussen und durch ihre Bewegung auch Auswirkungen auf die Gestaltungs- und Nutzungsmöglichkeiten haben können. Ist der Zugang ungünstig oder ist durch eine geringe Bodenfläche der Raum zwangsläufig beengt, kann es sinnvoll sein die Tür umzuhängen, sodass sie in die andere Richtung schlägt. Auch durch den Austausch einer konventionellen Tür durch eine Schiebe- oder Falttür lässt sich Platz gewinnen. Aber ästhetische Gesichtspunkte spielen ebenfalls eine wichtige Rolle. Bäder sind oft klein und etwas nüchtern, darum fallen Elemente wie Türen stärker ins Auge. Billige Hohlkern-Türen sind nicht gerade ansehnlich. Man kann sie leicht durch attraktivere Modelle ersetzen, nach Geschmack mit glatter oder profilierter Oberfläche. Glastüren holen Licht aus anderen Bereichen ins Bad. Ist wenig Wandfläche vorhanden, bietet sich die Innenseite der Tür für Haken, Handtuchhalter oder – in einem kleinen Gäste-WC – sogar für den Toilettenpapierhalter an. Es hängt von individuellen Empfindlichkeiten ab, ob die Tür abschließbar sein muss. Viele Menschen ziehen die sichere Ungestörtheit vor, in Haushalten mit kleinen Kindern sind abschließbare Türen aber ein Risiko.

OBEN Die Milchglasscheibe erlaubt einen Durchblick in die Dusche. **OBEN RECHTS** Badezimmer bieten sich für maritime Gestaltungsthemen an, allerdings sollte man es nicht übertreiben. Dieses Bullauge in der Innenwand wirkt besonders stimmig, weil es einen Ausblick auf das Meer im Hintergrund gewährt. **LINKS** Satinierte Acrylplatten als schlichte und praktische Fensterverkleidung filtern das Licht und bieten Sichtschutz. Eine Alternative besteht darin, das klare Fensterglas durch Milchglas austauschen zu lassen.

Spiegel

Ob Sie nur schnell den Lippenstift kontrollieren wollen oder forensische Präzision zum Zupfen der Augenbrauen, Schminken oder Rasieren gefragt ist – ein Spiegel darf im Bad nicht fehlen. Manche sind allerdings nicht sonderlich schmeichelhaft. Gestochen scharfe Vergrößerungsspiegel mit integrierter Beleuchtung zeigen gnadenlos die Realitäten. Die Wahl des Spiegels und der Größe der Spiegelfläche hängt auch davon ab, ob Sie sich mit gespiegelter Gesellschaft im Bad wohl fühlen.

Eine beliebte Lösung ist der Spiegelschrank über dem Waschbecken, der wie der beheizbare Handtuchhalter eine Doppelfunktion hat und vor allem bei begrenzter Wandfläche sehr praktisch ist. Manche Modelle besitzen drehbare Seitenteile, mit deren Hilfe man sich im Profil sehen kann, andere haben integrierte Vergrößerungsspiegel für den prüfen-

den Blick oder integrierte Heizelemente, die das Beschlagen verhindern. Vergrößerungsspiegel mit ausziehbarem Scherenarm sind eine praktische Ergänzung zum normalen Spiegel.

Um Räume optisch zu vergrößern und das Licht zu verstärken, kann man größere Wandflächen verspiegeln. Spiegelfliesen können durch die Fugen ihr Spiegelbild interessant aufbrechen, aber auch hässlich verzerren. Große Spiegel sind schwer und müssen sicher an einer tragfähigen Wand befestigt werden. Als Dekoration eignen sich auch Spiegel, die ursprünglich nicht für das Bad gedacht sind. Mit etwas Glück ergattert man antike Stücke beim Trödler oder auf dem Flohmarkt. Besonders beliebt sind verzierte venezianische Spiegel, von denen auch recht gute Reproduktionen zu finden sind. Gerahmte Spiegel sollten wasserdicht versiegelt sein, sonst werden sie mit der Zeit blind.

LINKS Das Spektrum der geeigneten Spiegel reicht von antiken Modellen bis zu hoch modernen Exemplaren. Diese Spiegel vom Trödler passen gut zu dem aufgearbeiteten alten Waschbecken mit den altmodischen Armaturen.

OBEN Der moderne Spiegel mit dem Einsatz hat eine seitliche Beleuchtung, die hell, aber nicht zu hart wirkt.

RECHTS Eine individuelle Lösung aus einer Fensterglasscheibe mit verspiegeltem Kreis.

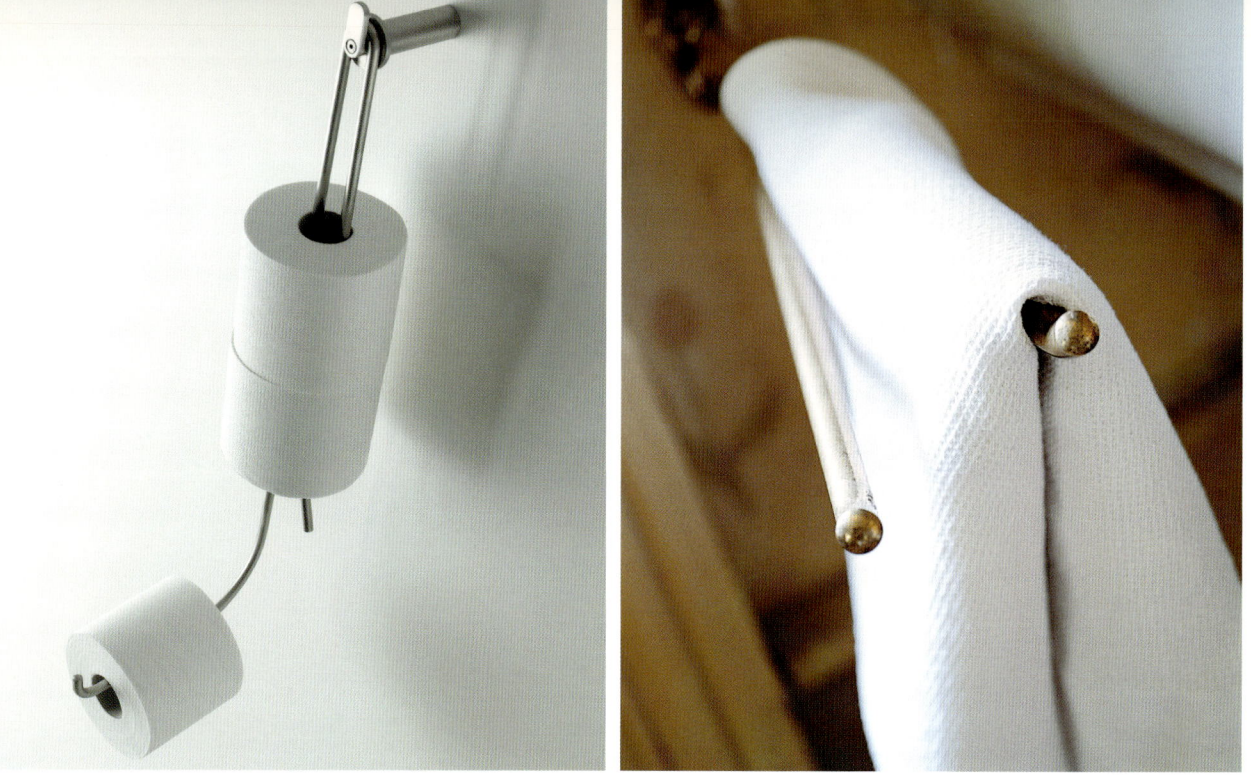

OBEN Moderne Designer befassen sich heute auch mit vermeintlich unwichtigen Utensilien wie Toilettenpapierhaltern. OBEN RECHTS Handtücher aus Waffelpikee sind saugfähiger als glatte oder Velours-Handtücher. UNTEN Duschvorhänge aus Baumwolle kleben nicht so unangenehm am Körper wie die üblichen Modelle aus Kunststoff.

Duschvorhänge

Ist keine Duschkabine oder ähnliche Abtrennung vorhanden, wird eine andere Lösung zum Verhindern von Wasserspritzern und Überschwemmungen benötigt. Die meisten Duschvorhänge bestehen aus Kunststoff, viele sind mit dekorativen Mustern oder witzigen Motiven bedruckt. Baumwollduschvorhänge haben aber den Vorteil, dass sie nicht am Körper kleben. Beide Materialien trocknen nach dem Gebrauch schnell.

Handtücher

Was unsere Haut berührt, wirkt direkt auf das Befinden. Nasse Haut kühlt schnell ab, darum müssen Handtücher so groß sein, dass man sich darin einwickeln kann, und saugfähig genug, um das Wasser schnell aufzunehmen. Große Badetücher machen den Frotteebademantel überflüssig und sind obendrein sehr gemütlich. Achten Sie beim Kauf auf die Maßangaben.

Qualität zahlt sich aus. Preiswerte Handtücher fühlen sich vielleicht im Geschäft flauschig an, sind aber mit viel Appretur behandelt, die sich nach wenigen Wäschen verliert. Achten Sie nicht nur darauf, wie das Material sich anfühlt. Sehen Sie auch das Gewebe an: Je dichter Flor (der weniger saugfähig ist) oder Schlingen stehen, desto besser. Waffelpikee nimmt besonders viel Wasser auf.

Die Materialzusammensetzung ist ein weiteres Kriterium. Handtücher mit einem Synthetikanteil (z.B. Polyester) laufen nicht ein, Naturfasern fühlen sich jedoch auf der Haut angenehmer an. Reine Baumwolle ist besonders beliebt, Mischgewebe mit Leinen sind etwas härter und gröber, Baumwollmischungen mit Seide sind außergewöhnlich weich.

Das Farbspektrum ist riesig, auch gemusterte Handtücher für bunte Akzente werden in großer Auswahl angeboten. Und trotzdem sieht kaum etwas edler und schöner aus als ein dicker Stapel blütenweißer, flauschiger Handtücher, die zum Zugreifen auffordern.

Badematten wärmen die Füße und saugen ebenfalls Wasser auf. Es gibt flach gewebte Matten und Vorleger mit einem flauschigen Flor in vielen Farben, die man auf die Handtücher abstimmen kann. Manche haben eine rutschfest gummierte Rückseite. Angenehm und attraktiv sind auch Vorleger aus Kork oder Holzleisten.

Handtuchhalter und anderes Zubehör

Beheizbare Handtuchhalter sind vor allem in kleinen Bädern eine praktische Lösung (siehe unten). Ungeheizte Handtuchhalter werden in Stangen- und Ringform angeboten, wobei sich ein Ring im Grunde nur für ein Gästebad oder WC eignet, weil er nicht sonderlich praktisch ist. Wichtig für alle Modelle ist eine stabile Befestigung. Unter den weiteren Accessoires gibt es Notwendiges wie den Toilettenpapierhalter, aber auch eher Überflüssiges wie die Wannenablage. Dazwischen liegen Kleinteile wie Griffe, Wandhaken, Becherhalter und viele andere Accessoires. In einem kleinen Bad sollte man auf Accessoires verzichten, die nicht unbedingt nötig sind, damit der Raum nicht unruhig oder unordentlich wirkt. Die übrigen Elemente sollten möglichst schlicht sein. Preiswerte Accessoires bestehen oft aus Kunststoff oder Keramik. Ersetzt man sie durch Modelle aus Chrom oder Edelstahl, sieht das Bad gleich viel nobler aus. Das Angebot reicht von traditionellen über witzige bis zu futuristischen Designs.

Präsentation

Ob die Requisiten der persönlichen Körperpflege – Düfte, Seifen, Badeöle, Schwämme, Luffa-Rollen und Massagebürsten – eine visuelle Bereicherung sind, kommt auf den Einzelfall an. Schön verpackte, handgefertigte Seifen sehen so schön aus wie sie sich anfühlen, eine Flasche Shampoo aus dem Drogeriemarkt macht erheblich weniger her. Wer auf dekorative Details Wert legt, kann natürlich Shampoo, Duschgel, Körpermilch und ähnliche Produkte in edlere Flaschen umfüllen.

Ästhetisches Vergnügen muss nicht nur visuell sein, auch Düfte tragen zur Entspannung bei. Düfte haben sogar jahreszeitliche Konnotationen. Im Frühling und Sommer empfinden wir frische Zitrusdüfte als angenehm belebend, im Herbst und Winter sprechen uns schwerere, wärmere Düfte wie Zimt und Sandelholz an. In der Aromatherapie setzt man ätherische Öle ein, die verschiedene positive Wirkungen auf den Körper haben. Lavendel gilt als beruhigend, Neroli hebt die Stimmung, Jasmin und Ylang-Ylang sind verführerisch.

Wenn das Budget für groß angelegte Veränderungen des Badezimmers nicht ausreicht, kann man immer noch mit Accessoires von den Defiziten des Raums ablenken. Kleinigkeiten wie ein Medikamentenschrank in Form einer Tablette oder eines Roten Kreuzes, vielleicht auch ein Blumentopf-Toilettenbürstenhalter von Alessi sorgen für etwas Witz, ohne gleich überzogen lächerlich zu wirken.

Pflanzen gedeihen in der feuchten Badezimmerluft ausgezeichnet und wirken viel lebendiger als beispielsweise abgestandene, verstaubte Potpourris. Farne und Orchideen fühlen sich im Bad besonders wohl.

Gerahmte Fotos, Drucke, Gemälde und andere Bilder machen ein Bad gleich viel behaglicher und wohnlicher. Man sollte allerdings darauf achten, dass Rahmen und Glas gut versiegelt sind, damit keine Feuchtigkeit eindringen und das Bild ruinieren kann.

OBEN Düfte beeinflussen die Stimmung und können die Entspannung fördern. Die Aromatherapie weist verschiedenen Düften bestimmte Wirkungen zu. Schön verpackte Seifen sind auch optisch sehr ansprechend. **RECHTS** Ein zweckmäßiges, praktisches Bad muss nicht nüchtern wirken. Schon wenige persönliche Dekorationen können ihm eine behagliche, entspannende Atmosphäre geben.

In diesem Kapitel finden Sie komprimierte Informationen, die Ihnen bei der Umsetzung Ihrer Ideen helfen. Da im Bad besonders viele Unfälle passieren, geht es zunächst um Sicherheit, auch unter Berücksichtigung von Personengruppen mit besonderen Bedürfnissen. Das Aussuchen, Einkaufen und Installieren der Badezimmerausstattung ist ein komplexes Unterfangen, bei dem der Kostenplaner und der Kundenfragebogen nützlich sein können. Ratschläge zur Beauftragung von Handwerkern erleichtern die Koordination des Vorhabens. Da die Schonung natürlicher Ressourcen ein immer wichtigeres Thema wird, finden Sie hier auch Tipps zum Sparen von Wasser. Ob Sie ein neues Bad oder nur eine Renovierung planen, in der umfangreichen Liste von Anbietern im Anhang werden Sie sicherlich die richtigen Ansprechpartner finden.

KURZ GEFASST

KOSTENPLANER

Die erfolgreiche Kostenplanung hängt von zwei Faktoren ab: der genauen Bedarfsanalyse und der Berücksichtigung aller Details. Sofern Sie nicht zu den Glücklichen gehören, für die Geld keine Rolle spielt, sollten Sie gründlich überlegen, welche Elemente nötig sind und welche nicht. Die Ursachen für Fehlkalkulationen sind fast immer Wunschdenken und zu lässige Kostenschätzungen. Wer alle Kosten – bis hin zum letzten Türgriff – bedenkt, behält das Budget leichter im Blick und erspart sich böse Überraschungen.

In der Planungsphase stellen Sie zunächst einen Wunschzettel zusammen. Ermitteln Sie die Kosten, dann entscheiden Sie, wo Sie Abstriche machen könnten. Bezüglich der Qualität der Sanitärobjekte und Installationen sollten Sie keine Kompromisse machen. Es ist eine Sache, auf eine maßgefertigte Steinwanne oder ein Designermodell zu verzichten, aber eine ganz andere, minderwertige Qualität zu wählen, die sich auf längere Sicht nicht bezahlt macht. Ebenso ist es sinnvoll, beispielsweise auf ein Bidet zu verzichten, wenn Sie sich dafür eine hochwertigere Wanne oder ein besseres WC oder Waschbecken leisten könnten.

Die Wahl der Oberflächenmaterialien lässt den größten finanziellen Spielraum. Alle Materialien, die nach Maß zugeschnitten werden müssen (etwa Glas), sind teurer als Produkte, die Sie im Bau- oder Sanitärmarkt direkt aus dem Regal kaufen können. Erweist sich ein Material als zu teuer, überlegen Sie, welche Alternativen in Bezug auf Farbe, Charakter und Aussehen denkbar sind. Naturstein kann beispielsweise durch Keramikfliesen ersetzt werden, neues Hartholz durch aufgearbeitete Dielen.

Achten Sie besonders auf die versteckten Kosten. Ist für eine Massagedusche eine Pumpe erforderlich, müssen Sie auch deren Preis einkalkulieren. Muss der Boden verstärkt werden, damit er die neue Wanne trägt, fließen diese Kosten in die Budgetplanung ein.

Sehen Sie sich in möglichst vielen Geschäften um – Sie werden feststellen, dass die Preise für Sanitärobjekte sehr unterschiedlich sein können. Wenn Sie Handwerker beschäftigen müssen, holen Sie mehrere Angebote von qualifizierten Betrieben ein, um vergleichen zu können. Und widerstehen Sie der Versuchung, mehr selbst machen zu wollen als Sie wirklich bewältigen können.

Kosten im Detail

▶ Planungskosten eines Architekten, Statikers oder Badstudios
▶ Finanzierungskosten, falls das Vorhaben durch ein Darlehen oder einen Ratenkauf finanziert wird
▶ Bauarbeiten, inklusive Verstärkung des Bodens oder Wanddurchbrüche
▶ Elektroinstallation
▶ Verlegung von Frisch- und Abwasseranschlüssen
▶ Sanitärinstallation
▶ Tischlerarbeiten
▶ Kosten für Lieferung und Entsorgung:
▶ Sanitärobjekte
    Badewanne
    Toilette
    Bidet
    Waschbecken
▶ Armaturen und Zubehör:
    Pumpe
    Duschkopf
    Duschwanne, Duschkabine oder -abtrennung
    Duscharmaturen
    Wannenarmaturen, Handbrause
    Wasserhähne für Waschbecken
    Besondere Wünsche
▶ Ablageflächen am Waschtisch, Wannenverkleidung
▶ Spritzschutz
▶ Griffe und ähnliches Zubehör
▶ Spiegel
▶ Schränke / Stauraum
▶ Beleuchtung
▶ Heizung, beheizbare Handtuchhalter
▶ Waschmaschine / Trockner
▶ Bodenbelag
▶ Malerarbeiten und Material.

DER EINKAUF

Zu den wichtigsten Vorbereitungen gehört, sich gründlich mit dem Markt vertraut zu machen. Besuchen Sie mehrere Badstudios, sammeln Sie Kataloge und Broschüren, blättern Sie in Zeitschriften, um sich über aktuelle Angebote und technische Möglichkeiten zu informieren. Wer mit einem Bad im Retro-Stil liebäugelt, sollte sich auch bei Händlern für historische Baumaterialien umsehen.

Alte Badewannen mit angestoßener Emaille kann man neu beschichten lassen, sofern die Schäden sich im Rahmen halten. Weil besonders Gusseisen-Badewannen aufwändig zu transportieren sind, sollten Sie sich nach Firmen umschauen, die diese Arbeit nach der Installation an Ort und Stelle vornehmen.

Im Bad ist es meist wünschenswert, dass alle Elemente gut zusammenpassen – was in anderen Wohnbereichen nicht immer nötig ist. Manchmal können Materialkontraste zwar interessant aussehen, generell sollten die sichtbaren Einbauten aber in Stil und Farbe miteinander harmonieren. Die Auswahl ist allerdings nicht schwierig, weil Sanitärobjekte üblicherweise in Serien angeboten werden, deren Elemente aufeinander abgestimmt sind. Die Bequemlichkeit ist jedoch ein wichtiges Entscheidungskriterium. Überwinden Sie Ihre Hemmungen und legen Sie sich im Ausstellungsraum in die Badewanne (oder setzen Sie sich auf die Toilette), um festzustellen, ob die Elemente Ihrer Körperform entsprechen.

Viele Badstudios bieten eine Reihe weiterer Dienstleistungen an, darunter Planungsservice, Finanzierung und Einbau. Wer den Planungsservice in Anspruch nehmen möchte, sollte eine maßstabsgetreue Skizze bereit halten, in der die Anschlüsse eingezeichnet sind. Die Daten werden zusammen mit Ihren Präferenzen in Bezug auf Design, Farbe und Stil der neuen Ausstattung in ein Computerprogramm eingegeben, das daraus eine dreidimensionale Darstellung des neuen Entwurfs erstellt.

FRAGEBOGEN FÜR KUNDEN

Den Badezimmerkauf kann man auf verschiedene Weise angehen. Sie können die Ausstattung selbst beschaffen und eigenständig die verschiedenen Handwerker (Maurer, Elektriker, Installateur) engagieren. Wer große Veränderungen plant und ein perfektes Resultat wünscht, kann einen Architekten beauftragen, der nach Kundenvorgaben einen Entwurf vorlegt und sich auch um Genehmigungen, Materialspezifikation und Bauaufsicht kümmert. Denkbar ist ferner, sich an ein spezielles Badstudio zu wenden, das einen Komplettservice von der Planung bis zum Einbau anbietet. In jedem Fall sollten Sie zuerst eine maßstabsgetreue Zeichnung anfertigen (siehe Seite 34–38), in der alle vorhandenen Anschlüsse und festen Elemente markiert sind, und Ihre Budgetgrenze festlegen.

Wichtige Fragen

Wird ein Planungsservice angeboten? Manche großen Badstudios bieten einen kostenlosen Planungsservice an, sofern Sie eine maßstabsgetreue Zeichnung vorlegen, auf der alle Anschlüsse eingezeichnet sind. Bei einigen Firmen ist für die Planung eine Gebühr zu entrichten, die bei Auftragserteilung verrechnet wird. Architekten verlangen grundsätzlich ein Honorar für ihre Dienste. Häufig folgt nach dem Vorgespräch eine Besichtigung vor Ort.

Wird ein Finanzierungsservice angeboten? Manche Badstudios bieten Finanzierungsmodelle an, sodass der Kunde die Kosten für den Badeinbau auf einen längeren Zeitraum verteilen kann. Vergleichen Sie die Finanzierungskosten mit anderen Möglichkeiten, etwa einem Bankdarlehen.

Was ist im Preis enthalten? Klären Sie genau, was Sie für Ihr Geld bekommen. Paketangebote können Lieferung und Einbau der Sanitärobjekte umfassen, während weitere Arbeiten wie Bodenbelag oder Fliesenarbeiten nicht enthalten sind oder nur gegen Aufpreis angeboten werden.

Wird ein Einbauservice angeboten? Einige Firmen liefern die Sanitärobjekte, installieren sie und übernehmen die Entsorgung von alten Objekten. Andere Firmen führen diese Arbeiten nicht selbst aus, arbeiten aber mit qualifizierten Handwerksbetrieben zusammen.

Passen Wasserhähne und Sanitärobjekte zusammen? Sanitärobjekte und Armaturen verschiedener Hersteller passen nicht immer zusammen. Besonders bei restaurierten, historischen Sanitärobjekten können Probleme auftreten.

Braucht die Dusche eine Pumpe? Ehe Sie sich für eine Massagedusche oder ein anderes Spezialelement entscheiden, klären Sie, ob eine Pumpe erforderlich ist. Ist das der Fall, muss geprüft werden, ob die Pumpe sich ins vorhandene Warmwassersystem einbauen lässt.

Was ist bei der Pflege zu beachten? Wenn Sie eine Wanne oder ein Waschbecken aus einem ungewöhnlichen Material kaufen möchten, erkundigen Sie sich nach geeigneten Reinigungsprodukten.

Stellen die Sanitärobjekte spezielle Anforderungen an die Bausubstanz? Wer eine schwere Wanne kaufen will, etwa aus Gusseisen oder Stein, muss die Tragfähigkeit des Badezimmerfußbodens prüfen lassen. Wand-WCs und -Waschbecken müssen an einer massiven Wand befestigt werden. Eine Alternative sind Metallhalterungen, die hinter einer Verkleidung versteckt werden.

Wie lange werden die Arbeiten dauern? Der Einbau eines neuen Badezimmers stört den Alltagsablauf, darum sollten Sie wissen, wie lange das Wasser abgestellt werden muss. Ist nur ein Bad im Haus vorhanden, müssen Sie während der Arbeiten eine Ausweichmöglichkeit schaffen.

Was geschieht, wenn etwas schief geht? Seriöse Firmen sollten eine schriftliche Garantie für Sanitärobjekte und Einbau geben. Falls Sie mit der Arbeit nicht zufrieden sind, reklamieren Sie in jedem Fall schriftlich.

HANDWERKER BEAUFTRAGEN

Ilm normalen Alltag ruft man den Sanitär-installateur fast nur in Notfällen – wenn ein Rohr bricht, ein Abfluss verstopft ist oder das Waschbecken überläuft. Es ist daher kein Wunder, dass viele Menschen die Zunft der Klempner mit gewissen Vorbehalten betrachtet. Wenn das Wasser durch die Decke tropft, ist niemand gelassen genug, im Telefonbuch eine preiswerte Firma mit gutem Ruf zu suchen – und es gibt durchaus Firmen, die solche Panikmomente nutzen und sich dadurch eine goldene Nase verdienen. Hohe Anfahrtkosten und überzogene Stundenlöhne erscheinen vielen Kunden unverschämt, wenn es doch nur darum geht, den Haupthahn abzudrehen und eine Verstopfung zu beseitigen. Solche unlauteren Gepflogenheiten erklären die Vorbehalte, die viele Menschen gegenüber Baumaßnahmen haben, für die ein Installateur erforderlich ist.

Der Vorteil bei der Planung eines neuen Badezimmers ist jedoch, dass man die Suche nach einem guten Handwerksbetrieb in aller Ruhe angehen kann und nicht unter dem wachsenden Druck eines Notfalls steht. Wie in so vielen Fällen ist Mundpropaganda eines der besten Hilfsmittel, um einen zuverlässigen Betrieb zu finden. Hören Sie sich um. Fragen Sie Freunde und Bekannte, die vergleichbare Aufträge vergeben haben, um eine gute Empfehlung (oder eine rechtzeitige Warnung) zu erhalten. Entgegen herrschender Meinung gehören seriöse und preiswerte Installateurbetriebe nicht zu den bedrohten Arten, sie sind nur manchmal etwas scheu. Die besten Firmen sind obendrein oft langfristig ausgebucht. Wer sich nicht rechtzeitig angemeldet hat, kann kaum erwarten, heute die neue Einrichtung zu kaufen und sie morgen eingebaut zu bekommen. Wie andere Handwerker gehören auch qualifizierte Installateure meist einem Berufsverband oder einer Innung an. Diese Zugehörigkeit ist zwar keine Garantie für gute Arbeit, doch ist die Innung eine Anlaufstelle für Beschwerden.

Wenn Sie einen Auftrag erteilen, erläutern Sie Ihre Wünsche genau und bis ins letzte Detail. Viele Handwerker bevorzugen bestimmte Lieferanten und wählen meist, was sie leicht beschaffen können, sofern keine anderen Vorgaben gemacht werden. Ehe Sie den Auftrag offiziell erteilen, verlangen Sie einen schriftlichen Kostenvoranschlag, in dem Arbeitslöhne, Zeitplan und Materialien spezifiziert werden.

Veränderungen an den Wasser- oder Abwasserleitungen müssen normalerweise durch das örtliche Wasserversorgungsunternehmen abgenommen werden. In manchen Fällen kann es ausreichen, wenn die Abnahme von einem Handwerksmeister vorgenommen wird. Ein seriöses Unternehmen kann dazu Auskunft geben, andernfalls sollten Sie bei Ihrem Wasserversorgungsunternehmen nachfragen.

Schritt für Schritt

Klären Sie vor Beginn der Arbeiten, wie oft und wie lange das Wasser abgestellt werden muss. Es ist für nahezu jeden Haushalt eine erhebliche Belastung, ohne fließendes Wasser und ohne Toilettenspülung auskommen zu müssen. Nur wenn Sie rechtzeitig wissen, wann mit Unterbrechungen zu rechnen ist, können Sie Ausweichmöglichkeiten schaffen.

Es gibt nur wenige Allround-Betriebe, die neben der Sanitärinstallation auch Elektriker- und Fliesen- oder Tischlerarbeiten anbieten. In den meisten Fällen werden Sie mehrere Firmen beauftragen müssen. Dazu ist es wichtig, die sinnvollste Reihenfolge der einzelnen Arbeitsschritte zu kennen.

Manche Handwerker arbeiten ungern parallel mit Mitarbeitern anderer Gewerke. Eine traditionelle Antipathie herrscht beispielsweise zwischen Sanitärinstallateuren und Elektrikern. Andererseits kann Ihr Sanitärinstallateur vielleicht einen Elektriker empfehlen, mit dem er bereits erfolgreich zusammengearbeitet hat – dadurch lassen sich Reibereien und Verzögerungen der Arbeit leichter vermeiden. Decken Sie die neuen Sanitärobjekte mit Brettern und Luftpolsterfolie ab, bis alle Arbeiten fertig sind. Schließlich sollen sie nicht schon vor der ersten Benutzung abgestoßen oder verkratzt werden.

Jeder Badausbau ist anders, doch die Reihenfolge der Schritte ist generell ähnlich:

▶ Abbau- und Abrissarbeiten
▶ Verlegen neuer Wasser- und Abwasseranschlüsse
▶ Bauarbeiten
▶ Installationen des ersten Bauabschnitts: Verlegen von Rohren und Kabeln
▶ Grobe Tischlerarbeiten
▶ Verputz
▶ Installationen des zweiten Bauabschnitts: Anbringen von Sanitärobjekten, Lichtschaltern und Steckdosen
▶ Feine Tischlerarbeiten
▶ Fliesenarbeiten
▶ Malerarbeiten
▶ Bodenbelag.

SICHERHEIT

Wenngleich Alfred Hitchcock die Dusche zur berühmten Horror-Szenerie stilisiert hat, sind die wenigsten von uns in den eigenen vier Wänden durch mordlüsterne Psychopathen bedroht. Dennoch lauern im Bad allerlei Gefahren, um die es im folgenden Abschnitt gehen soll.

Wasser, vor allem Seifenwasser, kann glatte, harte Oberflächen in einen rutschigen Untergrund verwandeln, auf dem man leicht hinfallen kann. Das betrifft besonders Menschen, die nicht so sicher auf den Beinen sind, etwa Senioren, kleine Kinder und Menschen mit Behinderungen. Wer in der Dusche ausrutscht, riskiert mindestens blaue Flecke am Rücken oder eine Beule am Kopf. Für mehr Trittsicherheit sorgen Dusch- oder Badewannen mit einer rutschfesten Oberfläche. Alternativ könnte man Anti-Rutsch-Matten aus Gummi oder Holzleisten verwenden.

Die Wahl der Oberflächenmaterialien spielt für die Sicherheit eine wichtige Rolle. Mosaik ist wegen der geringen Fugenabstände wesentlich griffiger und weniger rutschig als beispielsweise große, glatte Steinplatten. Lackiertes Holz ist griffiger als Vinyl. Abgerundete Kanten und versenkte Armaturen verringern das Risiko, sich beim einem Sturz zu verletzen.

Thermostatregler, die man auf eine bestimmte Maximaltemperatur einstellen kann, reduzieren die Gefahr, sich versehentlich unter der Dusche zu verbrühen. Für Menschen mit eingeschränkter Wahrnehmungsfähigkeit sind solche Armaturen auch an der Badewanne sinnvoll. Wird das Bad von Kindern benutzt, sollten sich diese Regler in einer Höhe befinden, die kleine Hände nicht erreichen können.

Das größte Risiko im Bad geht allerdings von der Nachbarschaft von Wasser und Elektrizität aus. Hinsichtlich der Elektroinstallationen im Bad – selbst bezogen auf Abstände zwischen Elektro- und Wasseranschlüssen – gibt es darum sehr genaue Vorschriften. Veränderungen an der Elektroinstallation dürfen nur von einem qualifizierten Elektriker vorgenommen werden.

Menschen mit Behinderungen

Bei der Gestaltung eines behindertengerechten Bades müssen verschiedenste Faktoren berücksichtigt werden. Eine Patentlösung gibt es nicht. Schon weil Behinderungen sehr unterschiedlich sein können, verlangen die individuellen Bedürfnisse im Einzelfall eine genaue Analyse, die schon in einer sehr frühen Phase der Planung stattfinden sollte. Es kann sinnvoll sein, sich dazu von medizinischem Fachpersonal oder einem Arzt beraten zu lassen.

Flexibilität, Zugänglichkeit und leichte Funktion sind die Schlüsselworte. Wenn sich eine Behinderung oder Krankheit verschlimmern kann, sollte das Bad von vornherein so eingerichtet werden, dass man es der künftigen Entwicklung ohne große Umbauten anpassen kann. Eventuell müssen dafür alle Sanitärobjekte an einer Wand montiert werden. Es kann auch nötig sein, die Decke zu verstärken, um später eine Hebevorrichtung oder andere Spezialausrüstung anzubringen.

Ein weiteres Kriterium sind die Kosten. Weil Spezialzubehör sehr teuer ist und fast immer vom Fachmann installiert werden muss, sollten Sie genau überlegen, ob die Sonderausstattung auf lange Sicht wirklich den gewünschten Sicherheits- oder Funktionsvorteil bringt.

▸ **Lage** Für Rollstuhlfahrer ist ein Bad im Erdgeschoss wichtig. Hat das Haus mehrere Etagen und wird es von Menschen bewohnt, denen Treppen Schwierigkeiten bereiten (z.B. Senioren), sollte in jedem Stockwerk eine Toilette vorhanden sein.

▸ **Zugang** Rollstuhlfahrer brauchen Platz zum Manövrieren. Türen müssen mindestens 80 Zentimeter breit sein, rund um alle Sanitärobjekte muss reichlich Platz vorhanden sein. An der Wand hängende Objekte sind praktischer als Stand- oder Sockelmodelle.

Auch die Schlagrichtung einer Tür kann die Badezimmerbenutzung einfach oder kompliziert machen.

▸ **Baden und Duschen** Einfache Hilfsmittel wie ein Klappsitz und ein Haltegriff reichen für Menschen aus, die nicht lange stehen können. Auch für die Badewanne ist ein Sitz und ein Griff sinnvoll, um das Ein- und Aussteigen zu erleichtern.

▸ **Regler und Armaturen** Menschen mit Arthritis und anderen Bewegungsbehinderungen kommen mit Hebelarmaturen besser zurecht als mit Drehgriffen. Bei manchen Modellen lassen sich die Griffe umrüsten. Personen mit eingeschränkter Wahrnehmung verbrühen sich leicht – Thermostatarmaturen mit einstellbarer Maximaltemperatur verhindern solche Unfälle.

▸ **Oberflächen** Der Boden sollte unbedingt rutschfest sein, geriffelte Duschwannen und Gummimatten sorgen ebenfalls für Trittsicherheit. Scharfe Kanten und Vorsprünge bergen ein besonderes Verletzungsrisiko und sollten vermieden werden. Für Menschen mit Sehbehinderungen sind große, verspiegelte Flächen ungünstig, weil die Reflexionen verwirrend wirken und zu Unfällen führen können.

▸ **Spezialausstattung** Es gibt viel Spezialzubehör, um Bäder behindertengerecht zu gestalten – von Vorrichtungen, um Personen in die Wanne und herauszuheben, bis hin zu höhenverstellbaren Waschbecken.

WASSER SPAREN

Wasser ist ein kostbarer Naturrohstoff, der durch weltweit steigenden Verbrauch und Veränderungen der Klimaverhältnisse jedoch allmählich knapp wird. Wir können es uns nicht mehr leisten, mit Wasser umzugehen, als sei es ein unerschöpflicher Quell. Auch der Schutz des Grundwassers wird immer wichtiger. Das gilt keineswegs nur für die heißen, trockenen Regionen, sondern auch für Gebiete, in denen Wasser früher immer reichlich vorhanden war. Der Sommer des Jahres 1996 war beispielsweise in London trockener als in Rom oder Istanbul. Andererseits vermutet man, dass die Anzahl der Wasserverbraucher im Großraum London in den nächsten 20 Jahren um eine Million zunehmen wird. Allerdings wird nicht nur durch Baden und Duschen Wasser verbraucht. In den trockeneren Gebieten der USA machen die Gartenbewässerung und Tätigkeiten wie die Autowäsche etwa 80 Prozent des privaten Wasserverbrauchs aus.

In Europa und den USA wurden neue Vorschriften erlassen, die sich auf einen der größten Wasserverbraucher im Haushalt beziehen: Die Toilettenspülung macht in vielen Regionen etwa 50 Prozent des Gesamtverbrauchs aus. Neue Spülkästen dürfen mancherorts ein Volumen von 6 Litern Wasser pro Spülung nicht überschreiten, in den USA wird sogar diskutiert, diese Menge auf 4,5 Liter zu begrenzen. Ähnliche Überlegungen werden auch in anderen Ländern angestellt. Abgesehen von diesen Vorschriften gibt es viele Maßnahmen, die jeder selbst ergreifen kann.

▶ Reparieren Sie tropfende Wasserhähne, tauschen Sie abgenutzte Dichtungen aus. Allein durch einen tropfenden Wasserhahn können in der Woche bis zu 90 Liter Wasser durch den Abfluss laufen – die reine Verschwendung. Um das Wassersystem auf eine undichte Stelle zu überprüfen, drehen Sie alle Hähne ab und lesen die Wasseruhr zweimal im Abstand einiger Minuten ab. Weichen die Werte voneinander ab, haben Sie wahrscheinlich ein Leck.

▶ Montieren Sie einen Toilettenspülkasten mit Spartaste oder reduzieren Sie die Wassermenge im Spülkasten. Früher legte man einen Mauerstein hinein, eine Plastikflasche voller Kieselsteine ist sauberer und ebenso geeignet. Im Fachhandel findet man auch Wasserkasten-Einsätze, die die Wassermenge pro Spülgang um 1 bis 3 Liter reduzieren.

▶ Für Duschen und Wasserhähne sind Einsätze erhältlich, die die Durchflussmenge begrenzen.

▶ Im Zweiten Weltkrieg sparten einige Familien Wasser, indem sie auf die Innenfläche der Badewanne eine Höchst-Markierung malten. Flache Wannen verbrauchen weniger Wasser als tiefe, Duschen sind noch sparsamer. Eine Ausnahme bilden Massageduschen, die in einem kurzen Zeitraum einen hohen Wasserdurchsatz haben.

▶ Aus einem laufenden Wasserhahn fließen pro Minute 9 Liter Wasser in den Abfluss. Drehen Sie den Hahn ab, während Sie sich die Zähne putzen. Waschen Sie sich nicht unter fließendem Wasser, sondern setzen Sie den Stöpsel ein und lassen Sie Wasser einlaufen.

▶ Lesen Sie ab und zu die Wasseruhr ab, um Ihren Verbrauch zu überprüfen.

▶ Waschen Sie nur ganze Waschmaschinenfüllungen. Kaufen Sie bei Neuanschaffungen Geräte mit Wasser- und Energiesparfunktionen – und benutzen Sie diese auch.

ADRESSEN

Sanitärobjekte
und Armaturen

AGAPE
via Po Barna, 69,
46031 Correggio Micheli
di Bagnola San Vito,
Milano, Italien
Tel. +39 (0) 376 / 25 03 11
www.agapedesign.it

ALESSI
via Privata Alessi, 6
28882 Crusinallo-Omega
Italien
Tel. +39 (0) 323 / 868 11
www.alessi.it

ANTONIO LUPI
DEUTSCHLAND
Lindenstraße 45
74172 Neckarsulm
Tel. 071 32 / 99 26 00
www.antoniolupi.com
Designer-Sanitärobjekte

AQUAMASS
Avenue Kersbeeklan 280
1190 Brüssel
Belgien
www.aquamass.com
Wannen aus Lavastein

BOFFI
via Oberdan, 70
20030, Lentate sul Seveso,
Milano, Italien
Tel. +39 (0) 362 / 53 41
www.boffi.com

CORIAN
DUPUNT DE NEMOURS GMBH
Du-Pont-Straße 1
61352 Bad Homburg
Tel.: 0130 / 81 00 18
Komposit-Arbeitsflächen
und -spülen

DORNBRACHT
Köbbingser Mühle 6
58640 Iserlohn
Tel. 0 23 71 / 433-0
Fax 0 23 71 / 466-232
www.dornbracht.de

DURAVIT
Werderstraße 36
78132 Hornberg
Tel. 0 78 33 / 70-0
www.duravit.com
Designer-Sanitärobjekte, u.a.
Starck, Foster, Sieger Design

DUSCHOLUX
D+S SANITÄRPRODUKTE
Industriestraße 1
69198 Schriesheim
Tel. 0 62 03 / 10 20
www.duscholux.de

EMCO
Breslauer Straße 34
49808 Lingen / Ems
Tel. 05 91 / 9 14 00
www.emco.de
Armaturen

FRANKE GMBH
Mumpferfährstraße 70
79713 Bad Säckingen
Tel. 0 77 61 / 52-0
www.franke.de
Edelstahl-Sanitärobjekte

GEBERIT GMBH
Theuerbachstraße 1
88630 Pfullendorf
Tel. 0 75 52 / 9 34-434
www.geberit.de

GERLOFF & SÖHNE
Höhenweg 13
37269 Eschwege
Tel. 0 56 51 / 92 77 92
Fax 0 56 51 / 205 89
www.gerloff.com
*Marmor- und Granitbäder
nach Maß*

VOLA GMBH
Schwanthalerstraße 75 A
80336 München
Tel. 0 89 / 59 99 59-0
Fax 0 89 / 59 99 59-90
www.vola.de
*Armaturen: Designklassiker
von Arne Jacobsen*

GROHE
Industriepark Edelburg
58675 Hemer
Tel. 0 23 72 / 93-0
www.grohe.de

HANSA METALLWERKE AG
Sigmaringer Straße 107
70567 Stuttgart
Tel. 07 11 / 16 14-797
Fax 07 11 / 16 14-463

HANSA AUSTRIA GMBH
Rottfeld 7 / Postfach 9
5013 Salzburg
Österreich
Tel. +43 (0)6 62 / 43 31 00 - 0
Fax +43 (0)6 62 / 43 31 00 - 20
www.hansa.de
Armaturen

HANSGROHE
Auestraße 5-9
77761 Schiltach
Tel. 0 78 36 / 51-0
www.hansgrohe.com

**HIGHTECH
DESIGN PRODUCTS AG**
Landsberger Straße 146
80339 München
Tel. 089 / 54 09 45-0
Fax 089 / 50 60 09
www.hightech.ag

**HOESCH METALL-
UND KUNSTSTOFFWERK**
Schneidhausen
52372 Kreuzau
Tel. 0 24 22 / 54-0
www.hoesch.de

**HSK
DUSCHKABINENBAU KG**
Zum Hohlen Morgen 22
59939 Olsberg
Tel. 0 29 62 / 97 90 30

HÜPPE GMBH & CO.
Industriestraße 3
26158 Bad Zwischenahn
Tel. 044 03 / 67-0
www.hueppe.com

**IBERO ALCORENSE
CASTELLÓN**
12110 Alcora
Spanien
Tel. +34 (0) 649 / 64 36 75 36
Fliesen

IDEAL STANDARD
Postfach 18 09
53008 Bonn
Tel. 02 28 / 521-0
www.idealstandard.de

**JADO DESIGN
ARMATUR & BESCHLAG KG**
Paul-Ehrlich-Straße 5
63322 Rödermark
Tel. 0 60 74 / 896 01
www.jado.com

**JÖRGER ARMATUREN- UND
ACCESSOIRES-FABRIK GMBH**
Seckenheimer
Landstraße 270-280
68163 Mannheim
Tel. 06 21 / 4 10 97 01
www.jörger.de
Armaturen

KAJA SANITÄR-ARMATUREN
Am Ballo 14
58675 Hemer
Tel. 0 23 72 / 9 09 40
www.kaja-armaturen.de

KALDEWEI GMBH
Beckumer Strasse 33–35
D-59229 Ahlen
Tel. 0 23 82 / 7850
www.kaldewei.com

KERAMAG
Kreuzerkamp 11
40878 Ratingen
Tel. 0 21 02 / 9 16-0
www.keramag.de

KEUCO GMBH & CO. KG
Oesestraße 36
58675 Hemer
Tel. 0 23 72 / 9 04-0
www.keuco.de
*Sanitärobjekte (auch
rollstuhlgerechte), Badmöbel*

KLUDI-ARMATUREN
Am Vogelsang 31-33
58675 Hemer
Tel. 0 23 73 / 9 04 01
www.kludi.de

KOHLER GMBH
Holtdarde 30
45739 Oer-Erkenschwick
Tel. 0 23 68 / 91 87-87
www.kohlerco.de

KORALLE SANITÄRPRODUKTE
Industriegelände Hollwiesen
32602 Vlotho
Tel. 0 57 33 / 14-0
www.koralle.de

L'OCCITANE DEUTSCHLAND
Carl-Zeiss-Straße 3
63755 Alzenau
Tel. 0 60 23 / 5 33 20 33
www.loccitane.net
Bad-Accessoires

LAUFEN
Vertrieb Deutschland über
Duravit AG
www.laufen.ch
u.a. Alessi-Sanitärobjekte

MARMOR-ZIMMERMANN
Am Mühlanger 6
86637 Wertingen
Tel. 0 82 72 / 24 34
*u.a. heizbare Marmor-
Ruheliegen*

MISSEL GMBH & CO.
Postfach 16 71
70706 Fellbach / Stuttgart
Tel. 07 11 / 53 08-0
Fax 07 11 / 53 08-128
www.missel.de
*Installationselemente
für Wandhänger-Sanitärobjekte*

**NEVOBAD GMBH & CO.
HANDELS KG**
Agnes-Huenninger-Straße 2–4
36041 Fulda
Tel. 06 61 / 83 38-0
www.nevobad.de

PRESSALIT A/S
Pressalitvej 1
8680 Ry
Dänemark
Tel. +45 (0) 87 88 87 88
www.pressalit.com
WC-Sitze

RAPETTI
Hohenstaufenstraße 1 a
65189 Wiesbaden
Tel. 06 11 / 77 80 90
www.rapetti.de
Armaturen

ROCA GMBH
Feincheswiese 17
56424 Staudt
Tel. 0 26 02 / 9 36 10
www.roca.es
Sanitärobjekte

SAM VERTRIEBS GMBH
Postfach 28 53
58688 Menden
Tel. 0 23 73 / 90 90 00
www.sam.de
Armaturen

SCHOCK DISTRIBUTION
Maierhofstraße 28
73547 Lorch
Tel. 071 72 / 91 33 00
Fax 071 72 / 91 32 99
www.schock.de
*Kompositmaterialien
(Cristalan / Cristalite)*

SOEHNLE WAAGEN GMBH
Wilhelm-Soehnle-Straße 2
71540 Murrhardt
Tel. 0 71 92 / 28-1
www.soehnle.de
Badezimmerwaagen

**STEULER FLIESEN
GMBH & CO. KG**
Industriestraße 78
75417 Mühlacker
Tel. 0 70 41 / 8 01-110
www.steuler-fliesen.de
Fliesen (auch beleuchtet)

**TEUCO
DEUTSCHLAND GMBH**
Bunsenstraße 5
82152 Planegg-Martinsried
Tel. 089 / 89 54 13 30
www.teuco.de
*Badsysteme (Stauraum,
integr. Sanitär-Objekte)*

TEUCO DEUTSCHLAND GMBH
Industriestraße 161 c
50999 Köln-Rodenkirchen
Tel. 08 00 / 100 88 26
www.teuco.de
Ultraschall-Whirlpools

TRADITIONAL BATHROOMS
Ramskamp 20
25337 Elmshorn
Tel. 0 41 21 / 720 24
www.traditional-bathrooms-de
*Sanitärobjekte nach
historischen Vorbildern*

TYLÖ LTD
302 50 Halmstad
Schweden
www.tylo.se
Saunen und Dampfkabinen

VILLEROY & BOCH
Postfach 11 22
66688 Mettlach
Tel. 0 68 64 / 81 15 00
www.villeroy-boch.com
*u.a. Sanitärobjekte
von Conran & Partners*

Heizung

BEMM GMBH
Tel. 0 51 21 / 93 00-0
Fax 0 51 21 / 93 00-84
www.bemm.de
Heizbare Handtuchhalter

RUNACO GMBH
Design-Heizkörper
Schmidener Weg 17
70736 Fellbach
Tel. 07 11 / 9 57 50-0
www.acova.de
*z.B. Typen, die sich im Sommer
auf Elektrobetrieb umstellen
lassen*

VAILLANT GMBH & CO.
Berghauser Straße 40
42859 Remscheid
Tel. 0 21 91 / 18-0
Heizung

**ZEHNDER
WÄRMEKÖRPER GMBH**
Almweg 34
77933 Lahr
Tel. 0 78 21 / 5 86-0
Fax 0 78 21 / 5 86-302
www.zehnder-online.de

Bodenbeläge

DLW AKTIENGESELLSCHAFT
74319 Bietigheim-Bissingen
Tel. 0 71 42 / 71 676
Fax 0 71 42 / 71 840
Echtes Linoleum

JAEGER & STIPAK
Ulmer Straße 30/1
73728 Esslingen
Tel. 07 11 / 316 44 68
Fax 07 11 / 316 44 69
Bodenbeläge

JUNCKERS PARKETT GMBH
Heinrichstraße 169
40239 Düsseldorf
Holzböden

WICANDERS
über Carl Ed. Meyer
Berner Straße 55
27751 Delmenhorst
Tel. 0 42 21 / 5 93 01
Schiffsboden

Beleuchtung

ARTEMIDE GMBH
Itterpark 5
40725 Hilden
Tel. 0 21 02 / 20 00-0
Fax 0 21 03 / 20 00-11
*Arbeitsleuchten und
atmosphärisches Raumlicht*

EMCO
Breslauer Straße 34
49808 Lingen / Ems
Tel. 05 91 / 9 14 00
www.emco.de
*Beleuchtete und heizbare
Spiegel (Anti-Beschlag)*

KREON NORD GMBH
Hopfensack 19
20457 Hamburg
Tel. 0 40 / 30 39 98 87
www.kreon.com
Leuchten

**OLIGO
LICHTTECHNIK GMBH**
Meyselstraße 22–24
53773 Hennef-Sieg
Tel. 0 22 42 / 87 02-0
www.oligo.de
Leuchten

VIVALUX
Herforder Straße 240
32120 Hiddenhausen
Tel. 0 52 21 / 699 08-0
www.vivalux.de
Badbeleuchtung

WIBRE ELEKTROGERÄTE
Edmund Breuninger
Liebigstraße 9
74211 Leingarten
Tel. 0 71 21 / 9 05 30
www.wibre.de
*Beleuchtung,
u.a. Bodeneinbaustrahler*

Stauraumlösungen und Möbel

CABINET SCHRANKSYSTEME AG
Postfach 7125
50150 Kerpen
Tel.: 0 22 75 – 92 03 60
Fax: 0 22 75 / 92 03 65
www.cabinet.de
Stauraumlösungen

CAR SELBSTBAUMÖBEL
Ellerbrookskamp 4
22397 Hamburg
Tel. 0 40 / 605 00 71
Fax 0 40 / 605 49 36
www.car-Moebel.de
frei stehende Küchenschränke und andere Möbel (z.T. unbehandelt, selbst zusammenbauen u. behandeln)

KORNMÜLLER
3351 Weistrach /NÖ
Österreich
Tel. +43 / 74 77 / 423 47
Fax +43 / 74 77 / 423 47 22
www.kornmüller.at
Rolladen-Schränke, Arbeitsinseln (auch runde)

OCTOPUS HANDELS-GMBH
Lehmweg 10B
20251 Hamburg
Tel. 0 40 / 420 11 00
Fax 0 40 / 420 12 00
www.octopos-versand.de
frei stehende Küchenschränke und andere Möbel

RAPSEL GMBH
Vogelsangstraße 31
82178 Puchheim
Tel. 0 89 / 800 66 10
www.rapsel.com
Aufbewahrung

SHAKER HERITAGE
Heinrich Eggert Import
Loogestraße 6
20249 Hamburg
Tel. 0 40 / 460 41 94
Fax 0 40 / 460 24 70
Möbel und Accessoires im Shaker-Stil

Menschen mit Behinderungen

www.tu-harburg.de/b/kuehn/themen/bauen.html
(Linksammlung der Technischen Universität Harburg)

www.metareha.de
– »Die Suchmaschine für Rollis«

www.barrierefreiesbad.de
(Bäder für Menschen mit Behinderungen)

www.aventas-care.de
(Bäder für Menschen mit Behinderungen)

Sonstige Links

www.architektenkammer.de
Mit Suchfunktion nach Postleitzahlen

www.baurat.de
Suche nach historischen Baumaterialien

www.baulinks.de
Linskammlung zum Thema Bauen / Wohnen / Einrichten

www.oekoadressen.de
Online-Branchenbuch

www.wlw.de
»Wer liefert was?« Umfangreiche Linksammlung

REGISTER

Architekten und
Designer, deren
Arbeiten in den
Beispiel-Bädern
vorgestellt werden:

Seite 56–57
PETER STERN
ARCHITECT & DESIGNER
23 Kingswood Avenue,
London NW6 6LL, England
Tel.: 020 8964 9950
Fax: 0870 167 0189

Seite 76–77
FABIO TRENTIN
Studio Di Architettura,
Foro Buonaparte, 63,
20121 Mailand, Italien
Tel.: 02 7209 6656
Fax: 02 7209 4296

Seite 86–87
IAN CHEE
4/185 Old Brompton Road,
London SW5 0AN, England
Tel. / Fax: 020 7370 5496

Seite 96–97
WIM DE VOS
Interieur Architect BNI,
Bogortuin 109
1019 PE, Amsterdam
Niederlande
Tel.: 020 623 2624
Fax: 020 620 6002

Seite 104–105
ARCHIKUBIK
c. Luís Antúnez no. 6
08006 Barcelona, Spanien
Tel.: 093 415 2762

Seite 116–117
KASTRUP SJUNNESON
Kungstensgatan 1
11425 Stockholm,
Schweden

Seite 128–131
ZOMBORY-MOLDOVAN
MOORE ARCHITECTS
25b Underwood Street
London N1 7LG, England
Tel.: 020 7251 8888
Fax: 020 7251 8080

BILDNACHWEIS

Der Herausgeber dankt den folgenden Fotografen, Agenturen und Firmen für die freundliche Genehmigung zum Abdruck der Fotos. Sollte trotz aller Bemühungen, die Copyright-Inhaber ausfindig zu machen, eine Nennung fehlen, entschuldigen wir uns im Vorwege und sind gern bereit, diese in folgende Ausgaben aufzunehmen.

1 Hotze Eisma/Taverne Agency (Stylistin: Hanne Lise Poli) 2 Simon Upton/World of Interiors; 4 Alexander van Berge/Taverne Agency/Elle Wonen; 5 oben Agape/Alternative Plans (www.alternative-plans.co.uk); 5 Mitte oben Geoff Lung; 5 Mitte unten Daniel Farmer/Living Etc/IPC Syndication; 5 unten Richard Powers; 7 Paul Massey/Mainstream; 8 Ken Straiton/Corbis; 9 Edmund Sumner/ View (Architekten: Nicholas Grimshaw & Partners); 10–11 Virginia Del Giudice; 13 Christopher Simon Sykes/World of Interiors (Packwood House, mit freundlicher Genehmigung von The National Trust); 14 Mirjam Bleeker (Designer: Agnes Emery); 15 Jan Baldwin/Narratives; 16 Heiner Orth; 17 Giulio Oriani/Vega MG; 18 Sue Barr/View; 19 Thomas Popinger/Dornbracht by Sieger Design & Mike Meire; 21 Keith Collie (Architekten: Azman Owens); 22 B. Miebach/Red Cover; 23 D. Brandsma/VT Wonen/Sanoma Syndication (Stylistin: Desiree van Dijk); 24 Trevor Richards/Abode (Design Taylor/Seymour Architects); 25 Ferran Freixa/RBA Revistas SA; 26 Verne Fotografie; 26–7 Benny Chan; 28 Sofie Helsted/House of Pictures (Stylistin: Lisbett Wedendahl); 29 Richard Powers; 30 A. Ianniello/Studiopep; 32 Eugeni Pons/ Vega MG; 33 links James Morris/Axiom Photographic Agency; 33 rechts Verne Fotografie; 34 Agape/Alternative Plans (www.alternative-plans.co.uk); 35 links Inside/Red Cover; 35 rechts Tim Evan Cook/Red Cover; 36–7 Dennis Gilbert/View (Architekt: David Chipperfield); 39 oben links Alexander van Berge/Taverne Agency/Rianne Landstra; 39 Alexander van Berge/Taverne Agency/Rianne Landstra; 41 Luke White/The Interior Archive; 42 oben Ray Main/Mainstream (De La Cuona); 42 unten Ray Main/Mainstream; 43 Chris Tubbs/Red Cover; 44 –45 Giorgio Possenti/Vega MG; 46 Andreas von Einsiedel/Red Cover; 47 Mai-Linh/Marie Claire Maison (Stylist: C. Ardouin); 48–49 James Morris/ Axiom Photographic Agency (Architekt: Claudio Silvestrin); 50 Deidi von Schaewen (Architekt: A. Putman); 51 oben Eduardo Munoz/The Interior Archive (Architekt: Nico Rensch); 51 unten Bruno Helbling (Architekt: Samuel Lerch); 52 Christophe Dugied/ Marie Claire Maison (Stylist: Puech/Postic); 53 oben Antoine Rozès (Innenarchitekt: Philippe Guilmin); 53 unten P Planells/Red Cover; 54 Serge Brison (Architekt: Joel Caisse); 55 Undine Prohl (Architekt: Cigolle/Col); 56–57 Winfried Heinze/Conran Octopus (Architekt: Peter Stern; Stylistin: Melinda Ashton Turner); 58 M. Hoyle/Inside; 59 M. Hoyle/Red Cover; 60 oben Alexander van Berge/ Taverne Agency/Elle Wonen; 60 unten Alexander van Berge/Taverne Agency/VT Wonen; 61 Stellan Herner (Stylistin: Synnove Mork); 62 oben Hotze Eisma/Taverne Agency (Stylistin: Hanne Lise Poli); 62 unten Jean Luc Laloux (Innenarchitekt: Instore); 63 Winfried Heinze/Red Cover (Designer: Nibletts); 64 oben Verne Fotografie; 64 unten Simon Kenny; 65 links Fabio Lombria/Vega MG; 65 rechts Gianni Basso/Vega MG; 66–69 Lars Ranek/ Linnea Press (Stylistin: Pernille Vest); 70 oben Heidi Grassley/Axiom Photographic Agency (Architekt: Seth Stein); 70 unten Ray Main/Mainstream; 71 Julie Phipps/View; 72 oben Peter Durant/Arcblue (Architekt: Alan Phillips); 72 unten Paul Massey/Living Etc/IPC Syndication; 73 Stellan Herner (Stylistin: Lotta Noremark); 74 Reto Guntli/Red Cover (Designer: Conchita Kien); 75 Richard Powers; 76–77 Giulio Oriani/ Vega MG; 78 Ray Main/Mainstream (Design by Filer & Cox); 79 Christian Sarramon; 80 links Ray Main/Mainstream; 80 rechts Mark Luscombe-Whyte/The Interior Archive (Architekt: Anthony Hudson); 81 links Richard Powers; 81 rechts Jake Curtis/Living Etc/IPC Syndication; 82 Ed Reeve/Red Cover; 83 links Eugeni Pons/Vega MG; 83 rechts Richard Powers; 84 Edmund Sumner/View; 85 links Mark Luscombe-Whyte/Homes & Gardens/ IPC Syndication; 85 rechts Jake Fitzjones/Living Etc/IPC Syndication; 86–87 Henry Wilson/Red Cover (Architekt: Ian Chee); 88 Richard Powers; 89 Verne Fotografie; 90 links E Morin/Marie Claire Maison (Stylist: C. Ardouin); 90 rechts Peter Dixon/ Narratives; 91 Geoff Lung Architekt: Andrew Nolan; Owner: Rory O'Brien); 92 Richard Bryant/ Arcaid (Architekt: Seth Stein); 93 Undine Prohl (Architekt: Rick Joy); 94 links Erck Saillet/ Red Cover; 94 rechts Peter Cook/View (Architekt: Bluebase); 95 Hotze Eisma/ Taverne Agency (Stylistin: Hanne Lise Poli); 96 Hotze Eisman/Taverne Agency (Architekt: Wim de Vos; Stylistin: Marielle Maesssen); 97 links Hotze Eisman/Taverne Agency (Architekt: Wim de Vos; Stylistin: Marielle Maesssen); 97 rechts Hotze Eisman/Taverne Agency (Architekt: Wim de Vos; Stylistin: Rianne Landstra); 98 oben Paul Massey/living Etc/IPC Syndication; 98 unten Tom Scott/View (Architekt: Forster Inc); 99 Tom Scott/ View (Architekt: Forster Inc); 100 Mark Luscombe-Whyte/The Interior Archive (Architekt: Anthony Hudson); 101 Richard Bryant/Arcaid (Architekt: Bushe Associates); 102 Verne Fotografie; 102–103 Alexander Van Berge/Taverne Agency/Elle Wonen; 104–105 Eugeni Pons/Vega MG; 106 links Richard Powers; 106 rechts Dexter Hodges/Lovatt Smith Interiors; 107 Mai-Linh/Marie Claire Maison (Stylist: C. Ardouin); 108–9 E Huibers/ Sanoma Syndication; 109 Ray Main/Mainstream (Architekt: Patel Taylor Architects); 110 links Andreas von Einsiedel (Designer: Charles Style); 110 rechts Ray Main/Mainstream (Architekt: Gregory Phillips); 111 Kohler Courtesy of Hill & Knowlton; 112 Geoff Lung/ Arcaid (Architekt: Luigi Rosselli); 113 links Jasper James/Elle Decoration (Stylists: Bowles & Linares; Homeowner: Skin); 113 rechts Richard Powers; 114 F. Vasseur/Red Cover; 115 Bruno Helbling (Architekt: Samuel Lerch); 116–17 Paul Ryan/International Interiors (Architekt: Kastrup-Sjunneson); 118 Nick Guttridge/View (Architekt: Julian Arendt); 119 James Morris/ Axiom Photographic Agency (Architekt: Georg Driendl); 120 oben Jean Luc Laloux (Architekt: S Godsell); 120 unten Geoff Lung (Architekt: Iain Halliday; Owner: Sarah Cottier and Ashley Barbour); 121 James Morris/Axiom Photographic Agency (Architekt: George Driendl); 122 Jean Luc Laloux (Architekt: S Godsell); 122–3 Undine Prohl (Architekt: LMS); 123 Undine Prohl (Architekt: A. Kalach); 124 oben Karin Bjorkquist (Stylistin: Gill Renlund); 124 unten Geoff Lung (Architekt: Robert Riddell; Owner: Pam Easton and Robert Riddell); 125 Richard Powers; 126 Andrea Ferrari; 127 oben Michael Moran (Innenarchitekten: Tod Williams Billie Tsien); 127 unten Verne Fotografie; 128–31 Winfried Heinze/Conran Octopus (Architekten: Zombory-Moldovan Moore; Stylistin: Melinda Ashton Turner); 132–3 James Morris/Axiom Photographic Agency; 134 Grazia Ike Branco; 135 Stellan Herner (Stylistin: Lotta Noremark); 136 Bieke Claessens; 137 oben Mark Luscombe-Whyte/The Interior Archive (Designer: Gune Wardena); 137 unten Verity Welstead/Red Cover (Designer: Fred Collins); 138 Paul Ryan/ International Interiors (Architekt: Kastrup-Sjunnesson); 139 links Bieke Claessens (Innenarchitekt: Cy Peys); 139 rechts Agape/Alternative Plans (www.alternative-plans.co.uk); 140 oben Sharyn Cairns (Architekt: Jaci Foti-Lowe); 140 unten West One Bathrooms; 141 Minh & Wass (Designer: Tyler Hays for BDDW); 142 Minh & Wass (Designer: David Khouri); 143 links James Morris/Axiom Photographic Agency; 143 rechts Minh & Wass; 144 oben Alexander van Berge/Taverne Agency/Reini Smit; 144 unten James Morris/ Axiom Photographic Agency (Architekt: Claudio Silvestrin); 145 Hotze Eisma/Taverne Agency (Stylistin: Rianne Landstra); 146 links Simon Whitmore/Living Etc/IPC Syndication; 146 rechts Helen Pe/House of Pictures (Stylist: Roth & Stone Production, Designer: Claes v Hauswolff); 147 links Chris Tubbs/Red Cover; 147 rechts Minh & Wass; 149 Nick Hufton/ View; 150 links Bieke Claessens; 150 rechts Simon Whitmore/ Living Etc/IPC Syndication; 151 Verne Fotografie; 152 Bieke Claessens (Innenarchitekt: Simon Chottovelli); 152–153 Original Bathrooms Ltd; ; 154 links Mai-Linh/Marie Claire Maison (Stylist: C. Ardouin); 154 rechts H del Olmo/Inside/Red Cover; 155 Richard Powers; 156 links Richard Glover/View (Architekt: Form Design & Architecture); 156 rechts Nicholas Tosi/ Marie Claire Maison (Stylists: Ardonin/Bayle/Reyre); 157 Gianni Basso/Vega MG; 158 links Daniel Farmer/Living Etc/IPC Syndication; 158 rechts Sigurd Kranendonk/ Dornbracht; 159 links Richard Powers; 159 rechts Thomas Popinger/ Dornbracht by Sieger Design & Mike Meire; 160 links Hotze Eisma/Taverne Agency (Stylistin: Rianne Landstra);160 rechts Thomas Popinger/Dornbracht by Sieger Design & Mike Meire; 161 Camera Press/Visi/Ryno (Architekt: Arthur Quinton); 162 oben links Luc Wauman; 162 oben rechts Ray Main/Mainstream; 162 unten links Guy Obijn; 162 unten rechts Jefferson Smith/Arcblue (Architekt: Dive Architects); 164 Grazia Ike Branco; 165 oben Chris Gascoigne/View (Architekt: John Kerr Associates); 165 unten Richard Glover/View (Innenarchitekt: Ivan Bussens); 166 Eugeni Pons/Vega MG; 167 V T'Sas/Red Cover; 168 links Jefferson Smith/Arcblue (Innenarchitekt: Dive Architects); 168 rechts Nick Hufton/ View(Architekt: Wells Mackereth); 169 links Dennis Gilbert/View (Architekt: Brady Mallalieu); 169 rechts Philip Sowells/Digital Home Magazine; 170 links Chris Tubbs; 170 rechts Andreas von Einsiedel (Designer: Jane McCormack); 171 links MHS radiators (www.mhsradiators.com); 171 rechts James Balston/Arcblue (Innenarchitekt: ZYNK Design consultants; 172 Tom Scott/Living Etc/IPC Syndication; 173 Christopher Drake/Red Cover (Innenarchitekt: Catherine Memmi); 174 links Jake Fitzjones/Red Cover (Designer: Debbie Hatchwell); 174 rechts Giulio Oriani/Vega MG; 175 oben Jean Luc Laloux (Architekt: Vincent Van Duysen); 175 unten Alexander van Berge/Taverne Agency/Reini Smit; 176 Ray Main/Mainstream (Architekten: AKK Architects); 177 Ray Main/Mainstream (Designers: Collett-Zarzycki); 178 Andrew Twort/Red Cover (Designer: Osborne & Little); 179 oben links Bruno Helbling; 179 oben rechts Richard Powers; 179 unten Julie Phipps /View (Architekt: Tim Lawrence); 181 Cristina Rodés/Lovatt Smith Interiors; 183 Alun Callender; 184 Tom Scott/Living Etc/IPC Syndication; 185 links Alexander van Berge/Taverne Agency/Ulrika Lundgren; 185 rechts Dennis Gilbert/View (Architekten: James Melvin & Gollins Melvin Ward & partners); 186 Jean Luc Laloux (Architekten: Legorreta & Legorreta); 187 oben Bruno Helbling; 187 unten Giorgio Possenti/Vega MG; 188 links Minh & Wass (Designer: Karim Rashid); 188 rechts Minh & Wass; 189 Paul Massey/Mainstream; 190 oben Jan Baldwin/Narratives; 190 unten Undine Prohl (Architekt: A. Kalach); 191 Alexander van Berge/Taverne Agency/Rianne Landstra; 192 links Brian Harrison/Red Cover; 192 rechts Antoine Rozès (Innenarchitekt: Philippe Guilmin); 193 Ray Main/Mainstream; 195 oben Giulio Oriani/Vega MG; 195 unten Christoph Kicherer (Architekt: Ramon Esteves; Owner: Jose Gandia-Blasco (Ibiza); 196 Ray Main/Mainstream (Architekt: David Wolf); 197 A. Ianniello/Studiopep; 198 links Andreas von Einsiedel (Designer: Abby Yozell); 198 rechts Hotze Eisma/Taverne Agency; 199 James Morris/Axiom Photographic Agency; 200 Ray Main/Mainstream (Architekten: MMR Architects); 201 links Jefferson Smith/Arcblue (Innenarchitekt: Eric Gizard); 201 rechts Jean Luc Laloux (Architekt: B. Gomez Tenarquitectos); 202 oben Dennis Gilbert/ View; 202 unten Verne Fotografie; 203 Jean Luc Laloux (Architekten: Legorreta & Legorreta); 204 oben links Agape/Alternative Plans (www.alternative-plans.co.uk); 204 oben rechts Winfried Heinze/Red Cover; 204 unten Andrew Twort/Red Cover; 205 Giulio Oriani/Vega MG; 206 Graham Atkins-Hughes/Red Cover; 207 Catherine Gratwicke; 209 Ray Main/Mainstream (Property: Chateau De Massillan); 211 Ray Main/Mainstream; 212 Alexander van Berge/Taverne Agency/Rianne Landstra; 214 Mark Williams/Homes & Gardens/IPC Syndication; 215 Ray Main/Mainstream (Developer: Candy & Candy); 216 and 224 Richard Powers

Ein besonderer Dank der Herausgeber gebührt Laurence Pidgeon und Teri Pengelly von Alternative Plans.